그들의 새빨간 거짓말

SNS 속 그들이 이야기하는 재무설계의 허와 실

그들의 새빨간 거짓말

정찬훈 지음

아라크네

벤틀리부터 샤넬백으로 치장한 그들

　우연히 자신을 '재무설계사'라고 소개하는 사람의 SNS를 보게되었다. 그런데 거기에는 재무설계에 대한 정보보다 자신의 호화스러운 생활을 드러내는 사진들이 훨씬 더 많았다. 고급 외제 자동차, 명품 시계와 가방, 하루가 멀다 하고 올라오는 해외 여행지에서 휴식을 취하고 있는 모습 등…….

　'재무설계사가 되면 정말로 저런 생활을 할 수 있을까?'
　궁금증이 생겼다. 마침 재무설계가 필요한 시점이었기에 메시지를 보내 그에게 상담을 요청했다.
　며칠 뒤, 먼저 도착한 카페에서 그를 기다렸다. 얼마간 시간이 지났을 즈음 카페 문이 열리면서 한 남자가 들어왔다. 핏이 딱 떨어지는 슈트에 깔끔하게 뒤로 넘긴 포마드 헤어스타일. 한눈에 봐도 그였다. 나와 눈이 마주친 그는 미소를 지으며 곧장 내게로 걸어왔다. 악수를 청하는 그의 손목에는 SNS에서 봤던 명품 시계가 반짝였다.

몇 마디 인사가 오가고 재무설계에 대한 이야기가 본격적으로 시작됐다. 저축의 효용성, 펀드의 수익률, 주식의 장점, 부동산까지 그는 금융 지식에 해박했다. 이야기를 들을수록 '난 왜 지금까지 이런 것도 알지 못했을까?' 하는 부끄러움이 커졌다.

"다음 미팅 때는 고객님께 딱 맞는 포트폴리오를 가지고 오겠습니다."

이 말과 함께 그는 자리에서 일어났다. 명품 구두를 신고 걸음도 당당하게 카페를 나가는 그의 뒷모습이 정말 멋있다는 생각이 들었다.

우리는 두어 번의 만남을 더 가졌고, 바쁜 와중에도 그는 내가 일하는 곳까지 고급 수입차를 몰고 와 금융상품에 대해 친절하게 설명해 줬다. 결국 나는 그가 내민 계약서에 서명을 했다.

그런데 이후 그의 연락이 줄어들었다. 3개월에 한 번, 1년에 한 번. 점점 뜸해졌다. 그제야 나는 비로서 계약서를 꺼내 놓고 읽어 보기 시작했다. 오래전에 들은 말이라 기억이 가물가물해 약관 내용을 정확하게 이해하는 게 어려웠다. 결국 인터넷 검색창에 내가 가입한 상품명을 입력했다. 그런데 '원금 보장' '연 10% 이상 수익률 확정'이라던 그의 말과는 달리 그 상품에 대한 원색적인 비난들이 훨씬 더 많았다.

어렵사리 그와 연락이 닿았다. 다시 만난 자리에서 그는 내 돈을 이제까지 어떻게 관리했었는지 구구절절 설명했지만, 설명을 들으면 들을수록 상품 가입 후 내 돈이 전혀 관리되고 있지 않았음을 알게 되었다. 원금 손해가 난 것은 너무나도 당연했다.

그제야 고급 수입차와 명품 시계에 가려졌던 그의 진짜 모습이 보였다. 그곳엔 20대 중반의 앳된 청년이 있을 뿐이었다. 그가 나에게 말했던 내용들은 그저 대본처럼 외웠을 거고.

많은 재무설계사들이 고객에게 달콤한 말로 계약을 유도한다. 그리고 실제로 많은 사람들이 목돈을 덜컥 그들에게 맡긴다.

재무설계는 '돈'이라는 매개체를 통해 한 사람의 경제적 인생을 조망하고 미래를 설계하는 것과 같다. 따라서 재무설계는 나의 과거 '돈'에 관한 씀씀이와 소비 습관, 현재 자산 상황, 미래 계획 등을 파악해 총체적으로 나를 이해할 수 있는 사람만이 할 수 있는 영역이다. 결코 '롤렉스'가 해 줄 수 있는 것이 아니라는 것이다.

좋은 재무설계사라면 적어도 금융과 관련된 경험이 풍부하고, 차트 분석을 통해 포트폴리오를 제대로 구성할 수 있어야 한다. 그리고 나와 함께 지속적으로 소통하며 함께 성장해야 하는 사람이어야 한다. 결국 여러분을 '이해'하려는 사람이 좋은 재무설계사인 것이다.

　이 책에서는 화려한 외형만을 자랑하는 속 빈 재무설계사들의 실상을 공개하고, 그들이 제시하는 포트폴리오의 맹점에 대해 낱낱이 파헤쳐 줄 것이다. 그리고 재무설계사가 설명하는 상품 내용을 이해할 수 있도록 최소한의 금융지식을 알려 줄 것이다.

　부디 이 책을 통해 내 소중한 자산을 허세로 가득 찬 재무설계사들에게 맡기는 오류를 범하지 않았으면 한다.

2019년 11월

정 찬 훈

차　례

프롤로그 벤틀리부터 샤넬백으로 치장한 그들_4

제1장 고객을 위한다는 거짓말_15

그들이 외모에 집착하는 이유_16
지인을 3개월 안에 소진하라고?_18 • 마약 같은 정착지원금_20

월 1,000만 원을 버는 그들의 수익 구조_23
오늘도 발리에 있는 그들_25

외계어로 말하는 그들_30

은밀하게 재무설계 받기_36

제2장 당신의 삶을 책임진다는 거짓말_39

인생 설계까지도 해 준다는 그들_40
어떻게'를 '왜'로 바꿔 보라_42 • 재무설계사의 질문에 주목하라_44
나의 재무 위험도를 확인해 보자_45

가슴 뛰는 목표에는 '그림'이 있다_49
저축만 하는 건 바보다?_51

직장인의 실제 돈 모으는 법_56
스스로 재무 목표를 만들어 보자_60

제3장 **지출 관리를 해 준다는 거짓말_65**

지출 관리의 시작, 신용카드_66
나로부터 내 돈을 지키는 것이 중요하다_68

Should Be와 As is_72
한 달 지출 내역 알아보기_73 • 지출 관리는 이렇게_76

당신의 빚에 대해 무관심한 그들_80
대출을 권하는 그들_81 • 지금 비상금 통장에는 얼마가 있나_83
'4개의 통장'을 10분 만에?_85

제4장 **나에게 맞는 상품을 추천해 준다는 거짓말_89**

가로 저축에 집착하는 그들_90
'최고 금리'보다 좋은 스텔스 기능에 주목하라_94

10% 수익을 보장해 드립니다?_98
사모펀드·P2P의 허와 실_100 • 돌려 막기_102
종잣돈×금융지식×운×행동_105

이제 모으고 불려 보자_109
세상에 공짜 점심은 없다_111

제5장 나에게 맞는 연금을 추천해 준다는 거짓말_117

욜로보다 파이어!_118

세테크 때문에 연금에 가입하라고?_122
'연금저축보험' 누구에게나 좋은 상품은 아니다_124
연금저축보험과 연금보험_126
세액공제를 받는 상품은 '연금저축보험'만 있는 것이 아니다_127

한 달만 넣어도 원금이 된다는 연금의 함정_130
한 달만 지나도 진짜 100% 이상 환급, 그런데 5년 후에도 102.8%_132
아이슈타인이 말한 연 복리의 불가사의_133
비과세가 되려면 조건이 따른다_135

종신보험, 제대로 가입해야 한다_138
그들이 종신보험을 판매한 이유_141

내게 필요한 연금일까_145
노후 준비와 연금_146 • 국민연금은 나쁜 상품일까_148
국민연금, 정말 못 받게 될까_149

제6장 나에게 맞는 보장성보험을 추천해 준다는 거짓말_155

실손의료비보험 1만 원? 10만 원?_156
보험 가입에도 순서가 있다_160

보험 리모델링을 해 준다는 그들_165
만병통치 보험은 없다_166 · 비갱신이 갱신보다 좋다고?_168

다 돌려받지 못하는 해지환급금_173

해지한다고 하니 찾아오는 그들_178
중도 인출이 가능한지 확인하자_179
시기에 따라서 납입한 보험료를 돌려받는 방법_182
금융감독원에 도움을 요청하라_185

유전자 검사를 무료로 받게 해 준다고?_190

제7장 나에게 맞는 부동산을 추천해 준다는 거짓말_195

부동산의 시작은 청약통장과 신용등급 관리_196
주택청약종합저축에 가입하라_198 • 신용등급이 뭐기에_200

2억 5,000만 원을 모을 수 있는 방법_206
주택도시기금에서 전세금을 빌리자_208

신축 아파트를 30% 싸게 살 수 있다고?_213

부동산을 사지 않고 투자하는 방법_218

제8장 세금을 줄여 주겠다는 거짓말_223

그들이 준비해 준다는 비과세 통장의 정체_224
비과세 통장이 되는 조건_226 • 진짜 비과세 통장 3가지_227

글로 배운 연말정산 vs. 실제 연말정산_230
연말정산에 대한 이해_231 • 소득공제와 세액공제_232
2,875만 원 쓰고 45만 원 돌려받을 것인가_233

우리 집도 상속을 준비해야 할까_241

에필로그 재무설계사도 모른다_247

〈부록 1〉 가족력 가계도 작성하기_249

〈부록 2〉 상속세의 세액계산 흐름도_252

1장
고객을 위한다는
거짓말

그들이 외모에
집착하는 이유

"글쎄요……, 꼭 가입해야만 할 것 같은 압박감이라고 할까요?"

한 20대 여성에게 보험에 대한 이미지를 물었더니 돌아온 답이다.

이런 반응은 보험사와 재무설계사 집단이 만든 이미지다. 고객들에게 보험의 가치를 전달하기에도 부족한 시간에 그저 달콤한 말로 보험 판매에만 열을 올린 나머지 본인들의 이미지를 스스로 부정적으로 만든 것이다. 이러한 이유 때문에 고객들의 머릿속에는 보험의 본질은 없고 왠지 모를 부담감과 원금도 돌려받지 못한 쓰라린 해약의 경험만 남게 되었다.

보험설계사들은 요즈음 이름을 파이낸셜 컨설턴트(Financial Consultant, FC), 라이프 플래너(Life Planner, LP), 재무설계사 등으로 바꾸었다. 그들이 이름을 바꾼 이유는 기존 '보험 아줌마'의 이미지를 벗고 고객을 위한 다각도의 금융 서비스를 지원한다는 이미지를 심어 주기 위함이다. 이름을 바꾼 만큼 재무설계사들에게 필요한 것은 단순히 보험 상품에 대한 지식에 한정되지 않는다. 고객의 종합적인 자산관리를 위해서 보험 이외에도 펀드, 주식, 부동산, 상속, 은퇴설계 등등 해야 할 공부가 넘쳐난다.

하지만 아직 대부분의 보험설계사들은 전문성이 아닌 여전히 관계 중심의 영업 방식을 고수하고, 보험 상품 판매에만 열을 올리고 있다.

물론 그들에게도 이유는 있다. 학습이 실적을 보장해 주지 않기 때문이다. '나의 학습 → 고객의 성장 → 나의 소득'이라는 선순환이 이루어지려면 최소 1년 정도의 시간이 필요하지만, 보험사는 채 3개월도 기다려 주지 않는다. 그러기에 당장 고객 발굴에 집중한다. 그래야 생존할 수 있다. 결국 그들은 전문가'처럼' 자신을 치장하는 것을 선택한다.

'메라비언의 법칙'에 따르면 상대방의 호감을 사는 데 중요한 것은 전문 지식보다 외모, 목소리, 바디랭귀지다. 말의 내용은 7%밖에 영향을 미치지 못하고, 93%가 이런 비언어적인 요소다.

메라비언의 법칙

7%
말의 내용

55%
시각적 요소

38%
청각적 요소

그들이 깔끔한 정장과 고급시계, 외모에 집중하는 이유가 바로 여기에 있다. 그리고 상품 대본을 외우는 데서 그치지 않고 자신감 있는 목소리로 말하는 연습을 하는 이유도 메라비언의 법칙에 기인한다.

그들이라고 왜 실력을 높여서 고객을 만나고 싶지 않겠는가? 그렇지만 그들에게 주어진 시간은 촉박하다. 금융에 무지한 혹은 사회 초년생인 사람들을 모아서 교육을 지원하고 정착 비용으로 200만~500만 원을 공짜로 주는 회사는 없기 때문이다. 최소 기준의 실적을 채우지 못하면 보험사에서 주는 정착 비용을 지원받지 못한다. 그리고 그 정착 비용의 지급 기간도 1년이 채 되지 않는다.

그래서 그들은 자신이 부족한 걸 알지만 시장에 나와 고객을 만나야 하고, 그냥 나올 수는 없으니 메라비언 교수가 말한 것처럼 외적 이미지를 갖추는 것에 더 매달리는 것이다.

지인을 3개월 안에 소진하라고?

초보 재무설계사들이 시장에 나와 처음에 만날 고객들은 이미 정해져 있다. 가족과 지인! 신입 재무설계사 교육 현장에 가면 강사는 신입 재무설계사에게 가장 먼저 친구를 찾으라고 말한다. 더 나아가 "지인을 3개월 안에 소진하라"고 말한다.

신입 재무설계사는 하루에 3명 이상의 고객을 만나야 실무 경험이 늘어나는데 지금 당장 만날 수 있는 사람은 지인뿐이라는 게 그들의 주장이다. 그다음은 지인으로부터 '소개'를 받고, 그 소개의 '소개'가

이어져야 살아남을 수 있다고 한다. 이렇게 친절하게(?) 알려 주었음에도 불구하고 지인들을 열심히 만나지 않으면, 강제적으로 지인 리스트를 작성하게 한다.

이런 상황을 모른 채 '친구인데 하나 들어 주지' 하는 생각으로 그 신입 재무설계사를 만난다면, 나는 나대로 자산관리를 제대로 받지 못하고, 그 재무설계사는 재무설계사대로 실력을 키우지 못해 어느 것 하나 얻을 수 없다. 결국 그가 버티지 못하고 그만두어 버리면 내가 가입한 상품과 나의 재무설계는 어떻게 되는 것인가? 난 상품을 가입해 주는 호의를 친구에게 베풀었는데, 나는 돈도 날리고 친구도 잃어버리게 되는 상황이 벌어지는 것이다.

필자 역시 이런 경우가 있었다. 친구의 부탁으로 보험 상품 가입 계약서에 사인을 했지만 얼마 지나지 않아 그의 퇴사를 알리는 문자를 받았던 것이다.

허탈하기 짝이 없었다. 분명 열심히 하겠다고 했는데 1년도 안 되어서 그만두다니, 게다가 사전에 연락도 안 하다니 울화통이 치밀었다.

보험사가 필자에게 보낸 문자메시지

[Web발신]
안녕하십니까 고객님.
***보험입니다.
항상 끊임없는 신뢰와 관심을 보내주신 고객님께 진심으로 감사의 말씀 드립니다. 그 동안 고객님의 보험계약 서비스를 담당하던 ***씨가 개인적인 사유로 인해 회사를 그만두었음을 알려 드립니다.
***보험에서는 빠른 시일내 고객님께 엄격한 심사과정과 전문교육을 수료한 새로운 담당자를 지정해 드릴 예정입니다.

고객님의 계약과 관련하여 궁금한 사항이 있으시면 언제라도 ***보험 고객센터로 연락 주시길 바랍니다. 감사합니다.

MMS
오후 3:20

따라서 지인이 영업을 하러 온다면 그의 설명만 믿지 말고 상품을 살펴야 한다. 난 상품을 사는 것이다. 그리고 처음 만난 자리에서 결정하지 마라. 최소 2회의 만남은 필수이다. 또한 한번 도와준다는 생각으로 덥석 상품 가입을 하면 안 된다. 그건 나에게도 지인에게도 아무런 도움이 되지 않는다.

그런데 지인 재무설계사의 요청을 거부해도 끊임없이 도와 달라고 할 때가 있다. 그 이유는 '정착지원금' 때문이다.

마약 같은 정착지원금

보험사는 신입 보험설계사에게 '정착지원금'이라는 이름을 붙인 월급을 준다. 정착지원금이라는 것은 교육이나 활동 등 일정 요건이 충족되면 회사에서 보장급 형태로 지급하는 돈이나. 이제 막 재무설계를 시작하는 신입 재무설계사에게는 단비 같은 돈이다.

그런데 세상에는 공짜가 없다. 이름만 정착지원금일 뿐 그 돈을 받으려면 '최소 영업 기준'을 채워야 한다. 그리고 설령 그 기준을 채운다 하더라도 이후 '환수'의 압박은 계속된다.

우선 성사된 계약이 일정 기간 이내에 실효되거나 감액 또는 해지가 되면 환수 조치된다. 또한 일정 기간이 지났음에도 불구하고 불완전판매로 인해 민원해지가 되어서 환수되는 경우도 있다. 심지어 퇴사 후 전혀 다른 일을 하고 있더라도 그렇게 될 수 있다. 이런 경우 보험사는 그 돈을 받아 내기 위해 퇴사한 재무설계사에게 민사 소송을 걸기도 한다.

결국 별다른 영업 전략이 없는 신입 재무설계사들은 이런 실적의 압박을 견디지 못하고 월말이 되면 울며 겨자 먹기 식으로 가족, 친척, 지인들에게 전화를 해 부탁을 할 수밖에 없는 것이다.

보험사는 기존 고객의 관리보다 신규 가입자 유치에 열을 올린다. 기존 고객은 이미 어장(?) 안에 들어와 있기 때문에 추가적인 수입을 만들어 내지 못하기 때문이다. 오히려 기존 고객들이 보험에 대해 잘 알수록 보험금 청구만 늘어날 뿐이다.

신규 고객은 신규 영업 인력에서 나온다. 보험사는 신규 재무설계사에게 '정착지원금'이라는 큰 혜택을 주는 것 같지만 속내는 가족·친척·지인에게서 보험을 가입시키려는 것이 목적이다. 그리고 그 큰 혜택에도 함정이 있어 신규 설계사는 제대로 된 월급을 받기 힘들다. 게다가 퇴사 후에도 그 혜택을 환수하려는 보험사의 압박에 돈 벌려고 들어갔다가 돈 잃고 사람까지 잃는 경우가 허다하다.

금융감독원의 통계 자료에 따르면 10명의 신규 재무설계사가 입사하면 1년도 되지 않아 6명이 퇴사한다. 손해보험사 또한 거의 마찬가지로 5명이 퇴사한다. 이것보다 더욱 심각한 문제는 이들을 통해 상품에 가입한 고객들이 자신을 관리해 주던 설계사가 사라짐으로써 피해를 본다는 것이다.

사라진 설계사. 다시 만날 설계사. 여기에는 간극이 반드시 존재한다. 그런 의미에서 내 돈이 걸린 문제이니만큼 나의 돈을 맡길 사람을 찾는다면 여러분 또한 재무설계에 대한 공부가 필요하다.

만약 가까운 사람이 재무설계사가 되었다고 연락 왔을 때 그를 잘 지켜보길 바란다. 결국 가입한 상품에 대한 책임은 나에게 있다. 월말에 간절히 부탁하는 전화에는 무조건 '노(No)'라고 말해라.

TIP /////

보험 가입 시 확인 사항

- 월말에 신입 재무설계사가 보험 가입을 간청하는 것은 '정착지원금' 때문이다.
- 상품을 가입해 주어도 그런 부탁을 하는 신규설계사는 오래 버티지 못한다.
- 나에게 맞지 않는 상품을 가입하게 되면 나의 손해이고, 퇴직한 재무설계사는 그 이익을 환수 당한다. 결국 웃는 사람은 누구일까?

월 1,000만 원을 버는
그들의 수익 구조

200만 원을 벌려면 적성에 직업을 맞추고,

2,000만 원을 벌려면 직업에 적성을 맞추어라.

부러워하지만 말고, 부러움의 대상이 되라.

자신을 재무설계사로 소개하는 사람의 SNS에서 본 글이다. 그들의 각오에는 한 가지가 빠져 있다. 바로 '고객'이다. 자신의 성공과 직업만 노출될 뿐, 그 어디에도 '고객'은 없다.

왜 이렇게 그들은 자신의 자랑에 급급할까? 그들의 진짜 목적은 부하 2호, 3호를 찾는 데 있다. 평범한 직장인이 상상할 수 없는 수입차와 명품, 여유로운 시간을 원하는 그런 사람들 말이다. 실제로 영업현장에서 재무설계사는 "Time Free! Money Free!"를 갖출 수 있다고 주장한다.

직장인의 마음을 흔들어 거기를 떠나 자신들에게 오게 하려는 것이다. 그들의 해시태그를 살펴보라. 그럼 다음과 같은 해시태그들을 종종 볼 수 있을 것이다.

#취업 #취준생 #신입채용 #인사채용
#재무설계사 #자산관리사 #군인
#장교 #부사관 #간호사 #스튜어디스

이유는 결국 돈이다. 그들이 월 1,000만 원의 이상의 고수익을 내는 방법은 2가지이다. 꾸준한 영업을 통해 영업수당을 받는 것과 지점장, 팀장으로 사람을 관리하면서 관리수당을 받는 것.

매달 새로운 사람을 만나 상품을 판매하는 것에는 한계가 있기에 만약 팀장으로서 직원의 영업 수당을 공유받을 수 있다면 안정적 수익이 보장될 것이다. 바로 이 지점이다.

재무설계사의 수익 구조는 다단계에 가깝다. 재무설계사가 성과를 내면 그 성과의 일부는 팀장에게, 그리고 또다시 그 성과 중 일부가 지점장에게 흘러 들어간다. 많은 재무설계사를 채용할수록 팀장과 지점장의 수입이 올라가는 구조다.

만족하거나 멈추지 말라.
지금 걷지 않으면 나중에는 뛰어야 한다.

허세의 유형과는 또다른 무조건 '열심히'를 강조하는 유형도 있다. 새벽에 일어나 가장 먼저 출근하고, 마지막 미팅 후 새벽 2시에라도 사무실로 복귀해 일을 한다. 고객을 위해 전국을 달리고, 마감이 지나면 링거를 맞으러 병원에 간다. 그러곤 SNS에 팔에 링거를 꽂은 사진을 올려 둔다.

물론 열심히 사는 이들이 나쁘다는 게 아니다. 우려스러운 것은 실적 위주의 삶이다. 고객은 배제된 채 자신의 실적 채우기에만 급급한 삶. 그들의 노력하는 모습에서 감동이 아닌 찜찜함이 느껴진다면 그들의 SNS를 다시 보자. 고객을 위한 열심인지, 재무설계사 본인의 영업 목표 달성을 위함인지 말이다. 그들이 주로 쓰는 메시지는 '마감 10일 남았다' '끝에는 이룬 자와 이루지 못한 자로 나뉜다' 등이다. 이는 고객의 상황보다는 본인이 달성해야 할 실적이 우선인 것이다.

이 내용을 이해하고 그들의 SNS를 다시 들여다보자. SNS의 게시글들은 의외로 많은 정보를 제공한다.

오늘도 발리에 있는 그들

#최고실적 #재무설계사

#해외연수 #괌

SNS를 보니 그는 또 해외에 있다. 이번엔 괌이다. 그리고 이런 메시지가 적혀 있다.

> **고객님들과 함께하며**
> **열심히 뛴 결과 보상으로**
> **해외에 나가게 되었습니다.**
> **많이 배우고 오겠습니다.**

사진 속에는 탁 트인 에메랄드 빛 바다와 그 앞에서 썬베드에 누워 맥주잔을 들고 있는 그의 뒷모습이 보인다. 진짜일까? 실적을 달성해서 해외 연수랍시고 저렇게 해변에서 맥주를 마시는 모습이?

명심해라! 자본주의 사회에서 공짜는 없다. 보험사에서 직원들을 해외 연수를 보내는 목적은 따로 있다. 돈(보상)을 주는 것이 더 쉬울 텐데 럭셔리한 호텔에서 시상식을 열고 해외여행을 포상으로 주는 데는 이유가 있는 것이다.

보험회사가 실시하는 해외 연수의 진짜 목적은 일 잘하는 재무설계사를 격려하기 위함이 아니다. 그들이 부러움의 대상, 목표가 될 수 있게 우상화하는 데 목적이 있다. 그렇게 해야 상위 우수자가 되기 위해서 하위 설계사들이 열심히 실적을 낼 것이기 때문이다.

보험 영업은 인간의 보상심리를 절묘하게 이용한다. 단순히 '영업을 잘해서 돈을 잘 벌자'라는 목표보다는 '이번 달에 10명의 고객에게서 월 100만 원의 보험료 계약을 가져오면 대만을 보내 줄게' 또는 '이번 달 실적은 2배의 성과로 인정해 주겠다' 같은 구체적인 목표를 부여해야 영업사원이 움직인다는 것을 알고 있는 것이다.

물론, 명확한 목표를 설정하고 영업사원들에게 적절한 동기 부여를 하는 것은 기업 입장에서 필요한 것이다. 그래야 이익이 극대화될 것이기 때문이다.

하지만 만약 일부 사원들이 그 기업의 목표 달성에만 혈안이 돼 나머지 고객들을 등한시하거나 거짓 정보를 알려 준다면 이때는 문제가 심각해진다. 고객은 재무설계사가 바다 앞에서 찍은 맥주 사진을 올리기 위한 수단이 된다.

연말이 되면 보험회사에서는 재무설계사들을 위해 수많은 수상식을 진행한다. MDRT, 해외여행 시상, 진급 등 열거하기도 어려운 행사들이 많다. 덕분에 연초가 되면 금융사는 바쁘다. 평소보다 많이 진행된 계약이 완벽했다면 문제가 없지만 시상 등에 눈이 팔려 무리하게 계약을 진행한 탓에 '불완전판매'가 많이 이루어졌기 때문이다.

화려한 시상식과 해외여행은 재무설계사 그들만의 잔치일 뿐이다. 고객인 나에게 도움이 되지 않는다. 그 시상의 조건에 걸린 기준을 달성하는 데 희생자가 되어서는 안 된다. 그리고 해가 바뀌면 조건이 바뀌기 때문에 꼭 가입해야 한다는 말을 의심하라. 진짜 그런 경우도 있지만 그들의 실적 때문에 가입을 강요받는 것일 수 있다.

다시 한번 명심하기를 바란다. 그는 제안을 할 뿐 가입한 상품에 대한 책임은 가입자의 몫이다. 그가 해외여행을 간다고 해서 내가 가입한 상품의 수익률이 올라가는 것이 아니다. 그의 화려함보다는 실력을 확인해야 한다.

재무설계사의 SNS를 볼 때 확인 사항

■ 본인 자랑이 아닌, 고객을 위한 본인의 성장을 기록하는가?
– 해외 컨벤션 참가나 영업목표 달성은 고객을 위한 것이 아니다.

■ 경제 흐름에 관심을 가지고 있는가?
– 큰 경제 변동이 예상될 때 관련 뉴스를 공유하는가?

■ 상품의 장·단점을 모두 기재하는가?
– 장점만 있는 상품은 절대 없다.

재무설계사의 SNS 언어 이해하기

■ 시상(주간시상, 월간시상, 분기시상, 연도시상) 재무설계사의 동기부여 방안으로 '시상'을 많이 사용한다. 그래서 팀, 지점, 회사 단위의 시상식이 많다.

■ 3W, 2W 1주에 3개의 계약을 성공하면 3W라고 한다. 그 3W를 연속으로 몇 주 진행하느냐에 따라서 '3W 50주' 등등으로 표시한다.

■ 컨벤션 일반적으로 연도시상식의 수상자를 대상으로 해외에서 진행되는 포상 여행을 의미한다.

■ MDRT Million Dollar Round Table(백만 달러 원탁 회의)의 약자로 1년 수익이 백만 달러를 넘는 재무설계사를 의미한다.

■ **우수인증설계사** ▲ 동일회사 3년 이상 위촉자 ▲ 12개월 보험가입 유지율 90% 이상 ▲ 24개월 보험가입 유지율 80% 이상 ▲ 불완전판매(품질보증, 민원해지, 무효)로 인한 계약취소 건이 없을 것 ▲ 신청일로부터 3년 이내 보험업법에 의한 사고모집인 등재 기록이 없고, 금융 및 신용질서 문란 사실이 없을 것 ▲ 회사별 내부기준에 의한 결격사유(컴플라이언스 위반으로 경고 이상의 조치)가 없는 자 등을 뜻하며, 2008년부터 손해보험협회와 생명보험협회가 공동으로 시행해 오고 있다.

외계어로 말하는
그들

모기지 담보증권, 서브프라임 대출, 분할 발행.......

굉장히 혼란스럽죠? 지루하거나 바보가 된 기분인가요?

그야 당연합니다.

월스트리트는 어려운 용어를 즐겨 써서 그들만이 무엇인가를 할

수 있다고 생각하게 합니다.

- 영화 〈빅쇼트〉 중에서

〈빅쇼트(The Big Short)〉는 2007년에 발생한 미국 서브프라임 모기지 사태를 다룬 영화이다. 영화는 소위 말하는 경제 엘리트들의 탐욕스러움과 이기심을 잘 드러내고 있다.

'서브프라임 모기지(Subprime mortgage)'는 너무 복잡한 상품이라 판매하는 사람들조차 상품의 실체를 이해할 수 없는 경우가 많다.

그래도 설명해 보자면 프라임(Prime)은 해외 신용 평가기관인 무디스(Moody's)가 말하는 투자 적격 등급이다. 프라임-1이 가장 높은 등급이며, 최상위급 지불능력을 보유하고 있다는 뜻이다. 그 프라임에 '…의 아래에'라는 뜻을 가진 서브가 붙으면 신용등급이 좋지 않다는 뜻이다. 그리고 모기지(Mortage)란 대출, 그중에서도 주로 담보를 끼고 있는 대출을 뜻한다.

두 단어를 합치면 신용등급이 좋지 않은 사람에게 담보 대출을 해주는 것을 의미한다. 신용등급이 좋지 않은 사람들에게 대출을 해 주기 위해서는 갖가지 장치와 포장이 필요할 것이다. 그 포장을 풀거나 예상하지 못했던 위기가 나타나면 그것은 거품처럼 날아갈 것이다.

문제는 이 장치와 포장이 너무 어려웠던 것이다. 덕분에 판매자도 이해하지 못하는 상품을 금융 소비자는 이해한 척하며 소비했다. 하지만 그 책임은 모두 금융 소비자의 몫이었다. 정부는 이러한 금융 소비자의 고통을 눈감을 수 없었기 때문에 이러한 피해를 만들어 낸 악의적인 금융사에 지원까지 한다. 언제까지 금융 소비자와 국민들은 당하기만 해야 할까? 그리고 이런 유사한 현상은 왜 지속적으로 반복되고 있는 것일까?

슬프게도 이 현상은 재무설계에서도 자주 이루어진다. 재무설계사에게 상담을 받다 보면 알아듣기 어려운 용어와 복잡한 상품 구조 때문에 마지막에 가서는 '알아서 잘해 주겠지' 하는 생각으로 자포자기하는 고객들이 많다. 단언컨대 알아서 잘해 주는 재무설계사는 없다.

자포자기하는 순간 재무설계가 여러분의 이익이 아니라 설계사의 이익으로 바뀌기 쉽다는 것을 명심해라.

〈빅쇼트〉를 보면 '변액종신보험, 리츠투자, P2P' 등이 나오는데, 이 상품들은 투자 과정에서 확인해야 할 내용이 많은 상품들이다. 그러므로 운영 원리까지는 파악하지 못하더라도 투자자 입장에서 수익 실현 방식, 투자처의 안전성, 설계사 설명과 상품설명서의 내용 일치 여부를 반드시 확인해야 한다. 재무설계사의 1~2시간 설명만 가지고 이해할 수 있는 것이 아닌 것이다.

그런데 이 상품들을 판매하는 재무설계사조차 상품의 특성을 제대로 이해하지 못하고 외운 대본을 고객 앞에서 말하고 있는 것이라면 사태는 더 심각해진다. 상품 판매의 기술만 익힌 그들에게 수익 실현을 위한 관리능력을 기대하기란 어렵기 때문이다. 하지만 그 책임은 투자자가 지게 된다. 여기서 벗어나기 위해서는 금융 공부를 해야 한다.

그런데 금융 공부란 것이 말은 쉽지만 사실 다가서기는 어렵다. 필자도 이전에 금 투자를 했을 때 무척이나 마음을 졸였었다. 왜냐하면 PB(프라이빗 뱅커)의 말을 믿었을 뿐 정작 나는 제대로 된 지식이 없었기 때문이다. 게다가 계속 오를 줄 알았던 금값이 떨어지자 그 불안감은 가중되었다.

하지만 이러한 상황에서도 난 '금'에 대해 공부를 하지 않았다. 공부하는 방법마저 알지 못했다. 다행히 운이 따라 주어서 금 가격이 다시 상승 추세로 바뀌었을 때 매도해 수익을 얻을 수 있었지만, 내 마음은 그리 편하지 않았다. 당시 난 운이 좋았을 뿐이다. PB와 지속적인 연락도 취하지 않았다. 내심 이렇게 소액을 맡기는 데 상담을 요청해 PB를 귀찮게 하면 안 될 것 같다는 생각이 있었던 것이다. 필자처럼 하면 절대 안 된다.

금융 공부는 어렵지 않다. 우리는 필연적으로 매일 돈을 사용해야하고 또 돈을 모으고 불리고 싶어 한다. 그러기에 배워야 한다. 나의 현재와 미래를 책임져 줄 나의 돈에 대해서 어렵게 생각하지 말자. 가까이 두고 재미있게 공부해 보자.

TV에서 부모와 아이들이 함께 노는 모습을 관찰하는 모습이 본 적이 있다. 대부분의 부모들은 아이가 원하는 것을 해 주는 대신 본인들이 생각하기에 더 중요한 것을 강요하는 모습을 보였다. 그리고 놀이가 아닌 일방적 가르침의 자세를 취했다. 이렇게 되면 아이들은 금방 지치고 부모와 놀이를 하고 싶어 하지 않는다. 반대로 아이들이 원하는 놀이와 엉뚱한 행동에 부모가 동조해 주면 아이들은 계속해서 재미있어 한다.

금융 공부 또한 그래야 한다. 주식에 대한 관심이 늘어날 때 차트 읽는 방법이나 경제신문부터 읽으려 한다면 금방 지칠 것이다. 그것이 아니라 주식을 하고 싶다면 먼저 내가 좋아하는 회사에 대해서 알아보라. 그리고 주가가 어떻게 변하고, 왜 오르지 않는지 등을 찾아보자.

필자 같은 경우 매달 책을 특정 인터넷 서점에서 사고 있다. 그 인터넷 서점은 다른 곳에 비해 많은 쿠폰과 적립금을 주기에 다른 곳으로 옮길 생각이 없다. 앞으로도 난 그 인터넷 서점에서 책을 구입할 것이다. 그러다 보니 그 인터넷 서점에 관심이 생겼고, 그 회사의 주식을 사도 좋을 것이라는 생각이 들었다.

처음에 주가는 1만 7,350원으로 높았지만, 그 후 계속해서 떨어져 요즈음은 5,000원대이다. 그런데 내 돈이다 보니 가만히 있질 않고 왜 이런 결과가 되었는지 주식 사이트에 들어가 상황도 살펴보고, 게시판 의견도 참고한다. 그러면서 순이익·ROE(Return On Equity, 자기자본이익률)와 같은 재무정보도 읽으려고 노력한다. 이러한 과정을 통해 필자는 주식에 대해 공부해 볼 수 있었다.

이처럼 수업료로 관심 가는 기업의 주식 10주 정도를 사서 금융 공부를 해 보는 것도 도움이 될 것이다.

보험이라면 기존에 가입한 상품의 적립률, 수익률, 환급률 등을 살펴보면서 왜 이런 결과가 나왔는지를 확인해 보라. 그리고 이게 미래에 나에게 정말 큰 도움이 될 수 있는 돈인지도 확인해야 한다.

P2P, 펀드, 금융 관련 어플에서 추천하는 상품, 로보어드바이저·핀테크투자 등 금융공학의 발전으로 예전에는 생각하지도 못했던 방식의 투자상품들이 우리 가까이 다가왔다. 그러니 나의 현재와 미래를 책임져 줄 나의 돈에 대해서 어렵게만 생각하지 말자. 가까이 두고 재미있게 공부해 보자.

추천하는 금융 관련 영화와 다큐멘터리

〈빅쇼트〉 이해하기 어려운 금융의 이면을 보고 싶다면 추천

〈국가부도의 날〉 〈빅쇼트〉가 서브프라임 모기지 사태를 다루었다면, 이 영화는 우리나라의 IMF 외환위기를 다룬다.

〈더 울프 오브 월스트리트〉 주식 거래와 그 이면의 사기를 다룬 영화

〈작전〉 주식 거래에서 말하는 '세력'을 이해할 수 있는 영화

〈tvN 어쩌다 어른 - 조승연 '화폐의 역사' 편〉 '화폐는 왜 생겼는가?' '화폐는 왜 가치가 있는가?'부터 시작해서 경제의 역사를 재미있게 풀어 준다.

〈EBS 다큐프라임 - '자본주의' 편〉 '물가는 왜 오르는가?' '왜 대출을 권하는가?' '돈은 도대체 왜 존재하는가?' 등에 대해 자연스럽게 설명해 준다.

은밀하게
재무설계 받기

은행 앞에 고급 자동차가 미끄러지듯 들어온다. 도어맨 같은 사람이 뛰어나오고 문을 열어 준다. 차에서 내린 남자는 중절모를 쓰고 한눈에 봐도 고급스러운 슈트를 입고 있다. 이윽고 그는 은행 지점장이 안내하는 프라이빗룸으로 안내되어 극진한 접대를 받는다. 이어 그의 자산을 관리해 주는 직원이 나와 이번에 나온 상품에 대해 소개하고 현재 관리 재정에 대한 현황을 브리핑한다.

가끔 영화를 통해 볼 수 있는 장면이다. 여기에 등장하는 사람이 바로 프라이빗 뱅커(Private Banker, PB) 또는 자산관리 전문가(Wealth Manager, WM)라 불리는 금융전문가다.

이러한 이미지 때문에 재무설계는 부자들이나 받는 영역이라고 생각하기가 쉽다. 과거 이런 서비스는 일부 자산이 많은 사람에게만 제공되었지만 지금에 와서는 누구든 관리 받을 수 있게 되었다. 더 이상 SNS를 훑어 내리다가 나오는 '무료 재무설계'에 연락처를 남기지 않아도 된다는 것이다.

'은행들, 자산가 모시기 경쟁···2000만 원 있으면 은행PB 관리받는다.' - □□일보
'문턱 낮춘 은행 PB "3000만 원 맡겨도 서비스" - △△신문

신문기사 제목이 보여 주듯이 은행이나 증권사에서 제공하는 PB 서비스는 이제 2,000만 원만 있으면 가능하다. 과거 1억~3억 원부터 시작되던 PB서비스가 변한 것이다. 그 이유는 저금리가 지속되는 상황에서 추가 수익을 얻고자 하는 고객의 니즈가 커지고, 은행은 예대마진(예금과 대출 이자의 차이로 돈을 버는 은행 수익원)만으로 수익을 창출하는 데 한계에 도달했기 때문이다.

2015년 9월경에 연일 금 가격이 떨어지고 있다는 기사가 나왔다. 필자는 '이만큼 금값이 내려왔으면 이제 올라가지 않을까?' 하는 생각에 금 투자에 관심이 생겼다. 하지만 금을 어떻게 사야 하는지를 몰랐다. 그때 불현듯 은행 PB에 관한 기사를 본 기억이 나서 은행에 연락을 했더니 생각보다 어렵지 않게 PB와 상담이 가능했다.

PB는 금과 관련된 상품의 종류와 환율, 세금, 수수료 등에 관한 것들을 쉽게 설명해 주었다. 그 분위기에 녹아들어 나는 골드투자통장

을 개설하고 금도 매입하였다. 그리고 27%의 수익을 얻을 수 있었다.

나의 소중한 돈을 지키고 불리기 위해서는 스스로의 공부뿐 아니라 조력도 필요하다. PB와 같은 재무설계사는 아주 중요한 조력자이다.

예금, 적금, 주식, 부동산을 벗어나서 시장 이상의 수익률을 거두고 싶다면 은행의 PB, 증권사의 WM을 찾아가라. 그들과 상담을 통해서 시야를 넓히고 학습하라. 그리고 추천받은 상품에 대해서 공부하고 PB에게 수시로 피드백 받다 보면 내 돈은 늘어날 있을 것이다.

TIP

PB 서비스의 모든 것

- 은행은 프라이빗 뱅커(Private Banker), 증권사는 웰스 매니저(Wealth Manager)라는 명칭으로 재무설계 서비스를 제공한다.
- 금융사별로 최저 금융자산은 다르지만 2,000만 원 또는 3,000만 원부터 서비스가 가능하니 본인의 주거래 금융사에 한번 연락해 보라.
- 그들이 추천하는 상품을 믿고 추종해서는 안 된다. 그 결과는 나에게 돌아오니 반드시 공부를 하고 결정하기 바란다. 요즈음은 유튜브에서 금융상품에 대해 쉽게 설명해 주는 유튜버들의 활동이 활발하다.

2장

당신의 삶을 책임진다는

거짓말

인생 설계까지도
해 준다는 그들

　불안감과 기대감이 뒤섞여 있던 재무설계사와의 첫 만남은 만족스러웠었다. 그는 앞으로 진행할 프로세스를 도표화해서 내게 설명해주었고, 체계적인 관리에 신뢰를 느낀 나는 그가 필요하다고 하는 내용 모두를 기재하였다. 그리고 1주일 후 그를 만났을 때 포트폴리오를 받고 설명을 들으며 그것을 그대로 실행하기로 결심했다. 그런데 그때의 그 만족감이 현재는 전혀 남아 있지 않다. 왜 그런 것일까?

　다음 표는 필자가 만든 재무설계 흐름도이다. 1~4단계가 모두 중요하지만, 그중에서도 1단계 '재무 목표 설정'이 가장 중요하다. 자신이 돈을 왜 모아야 하는지에 대한 정립 없이 어떻게 모아야 하는지에만 집중하면 그 계획은 망가질 수밖에 없기 때문이다.

　무엇보다 1단계의 과정은 누군가 도와줄 수는 있지만 결국 본인 스스로 해야 한다. 본인을 설득해야 한다. 그러기 위해서는 충분한 고민의 시간이 필요하다. 이때 좋은 재무설계사는 그 과정에서 조언과 도구를 제공하며 도움을 줄 수 있다.

재무목표 흐름표 중 1단계

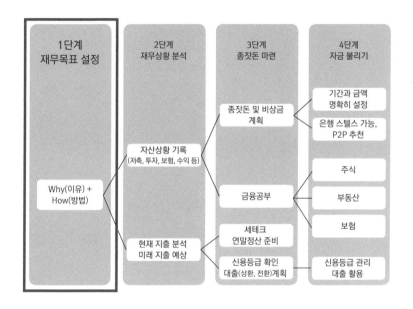

그런데 대부분의 재무설계사가 만들어 오는 포트폴리오는 이상적이고 정형화되어 있다. 거기에는 수많은 수식들과 이론들이 존재한다. 하지만 이것들이 정상적으로 작동하려면, 그들이 나에게 이해시키는 것이 아니라 스스로 납득한 설계여야 한다. 그렇기 때문에 재무설계를 하기 위해서는 먼저 나를 돌아보아야 한다.

이때 경계해야 하는 재무설계사가 등장한다. 믿고 따라오라는 것이다. 자신이 관리해 준 덕분에 고객의 지출이 줄고 저축은 늘었으며 엄청난 수익을 올리고 있다고 하면서 말이다. 물론 정반대 결과가 나온 경우에 대해서는 말하지 않는다. 그런데 '믿고 따라오라'는 말을 곧이곧대로 믿었다가 중간에 상황이 여의치 않게 되어 상품을 해지하고 싶을 때는 어떻게 할 것인가? 그보다 믿고 따라오라던 그 재무설계사와 연락이 끊어지게 되면 어떻게 할 것인가?

재무설계가 나에게 재정적인 도움을 주게 만들 수는 있지만, 내 인생을 책임져 주지는 않는다.

사회초년생 또는 질풍노도와 같은 직장 사춘기를 보내는 직장인, 예측되지 않는 경기와 들쑥날쑥한 소득 때문에 힘들어하는 자영업자들에게 인생은 예측되어질 수 없다. 그렇기 때문에 그러한 예측 불가능성을 대비하기 위해서 재무설계가 필요하다. 그러므로 나의 돈과 미래가 담겨 있는 포트폴리오 앞에서 "네, 네"만 반복하다가 계약서에 서명하는 행동은 지양해야 한다.

'어떻게'를 '왜'로 바꿔 보라

"돈을 왜 모아야 할까요?"

재무설계사가 나에게 한 첫 번째 질문이었다. 잔잔한 호수에 던진

하나의 돌멩이가 큰 파문을 만들 듯 나에게는 큰 울림이 있는 질문이었다. 어떻게(How)가 아닌 왜(Why)를 묻는 질문이라니⋯⋯. 난 왜 이제까지 돈을 모으는 이유에 대해서 생각해 본 적이 없었던 것일까? 왜 그렇게까지 당연하게 돈은 모아야 한다고 생각했던 것일까?

하지만 정작 그 질문을 한 재무설계사는 질문의 값어치를 모르는 것 같았다. 내가 멍하게 있는데도 잠시의 틈을 두고 본인의 이야기를 시작했다. 하지만 난 그의 설명이 의미 없이 틀어놓은 TV 소리처럼 들렸다. 그는 이유를 묻는 척을 했을 뿐 진짜 내가 돈을 모아야 하는 이유에는 관심이 없었기 때문이다. 자신이 준비한 이유(Why)에 나를 끌어와서 자신이 준비한 방법(How)에 나를 넣으려고 했을 뿐이다.

대학 시절 법대에서 만난 친구들의 모습이 그러했다. 그들은 자신들이 왜 사법고시를 준비하는지에 대한 자문자답이 없었다. 그나마 돌아온 대답은 사회 정의보다는 생활의 안정, 부모님의 요구와 같이 진심이 아닌 외형을 좇다가 나온 이야기였다. '왜?'라는 그 짧은 한 단어를 스스로에게 묻지 않은 채 꾸역꾸역 사법고시용 답안을 머리에 넣었다. 그 결과는 무엇일까?

내 인생에 내년은 오지 않을 수도 있다. 우리의 삶이 1년으로 제한되어 있다는 사실을 안다면 우리는 하루하루의 의미를 담으려고 노력할 것이다. 적어도 이유도 모르는 채 돈을 모으지는 않을 것이다. 그때 1년간 돈을 모은다면 그 돈은 정말 절박한 이유가 있을 것이다.

내 돈이다. 내 삶을 위해 꼭 필요한 돈이다. 돈에 의미를 담아야 한다. 그래야 돈이 나를 떠나지 않는다. "돈을 어떻게 더 효과적으로 모을 수 있느냐?"는 질문은 다음이다.

재무설계사를 만나기 전에 스스로, 돈을 모아야 하는 이유에 대해서 생각해 봐야 한다. 그가 제시하는 돈을 모으는 이유는 내 것이 아니다. 내가 돈을 모아야 하는 이유를 스스로 생각해 보는 시간을 가져 보라.

그런 다음 재무설계사를 만나야 제대로 된 상담을 진행할 수 있을 것이다.

재무설계사의 질문에 주목하라

그런데 재무설계사 중에 구체적인 상담은 하지 않고 단순히 상품을 나열해 놓고 끼워 맞추기 식으로 그것을 판매하는 것에만 급급한 사람들을 종종 볼 수 있다. 아니 대다수라고 해도 무방하다.

양장점에서 정장을 맞춰 본 적이 있는가?

기성복의 경우 남자는 상의가 100이냐 105냐만 알면 되고, 바지 또한 32나 34 등 옷 치수만 선택하면 간단히 사서 입을 수 있다.

하지만 맞춤 정장은 다르다. 재단사가 상의 뒷면의 스타일, 안감, 셔츠 손목의 모양새, 바지 밑단의 주름, 심지어는 시계 착용 여부까지 세밀하게 질문을 한다. 그래야 편안한 착용감과 더불어 나의 취향에 맞는 맞춤 정장을 만들 수 있기 때문이다.

이것은 재무설계와도 같다고 할 수 있다. 좋은 재무설계사라면 단순히 상품을 나열해 놓고 끼워 맞추기 식으로 설명하는 것이 아니라 고객의 재정 상태, 급여 수준, 거주 형태, 부모님의 생존 유무. 건강 상태 등 세밀한 부분까지 고객에게 물어보아야 한다. 물론 고객은 그것을 기꺼이 재무설계사에게 공개할 수 있어야 한다.

재무설계는 최소 5년 이후의 삶을 설계한다. 그렇기에 인생 설계라고도 한다. 따라서 재무 현황에 대한 종합적인 파악과 더불어 현재 직장에 대한 만족도나 커리어 설계 질문이 동반되어야 한다.

재무설계사들과 상담할 때 반드시 살펴보길 바란다. 지금 당장 나의 저축 여력만 알고자 하는지 아니면 나의 상황에 대해 전반적으로 알고자 하는지를 말이다.

나에 대해서 최대한 많은 내용을 전달하라. 그리고 내가 생각하고 있는 나의 미래와 불안요소들을 극복할 수 있는 포트폴리오인지 검증하라. 그것이 여러분이 재무설계사를 넘어서 본인들을 '인생설계사'라고 칭하는 사람들을 만나는 이유다.

나의 재무 위험도를 확인해 보자

2017년 한 취업 사이트에서 조사한 내용에 따르면, 직장인 10명 중 7명이 지금 회사가 불만족스럽다는 답변을 했다. 직장에서의 불만

족은 이직과 퇴직의 사유가 된다. 그 선택을 해서 삶의 질이 나아진다면 문제가 없겠지만, 그 반대일 경우 문제는 심각해진다.

우리의 인생은 순탄하지 않다. 직업 하나조차 여러분의 결심만으로 방향을 결정할 수 없다. 게다가 여러분의 삶은 가족, 직장, 친구, 사회와 연결되어 있다. 갑자기 회사가 망하거나 부모님이 편찮으시다면 우리의 인생은 어떤 방향으로 흘러갈 것인가? 어쩌면 재취업이 안 되거나, 부모님의 병원비 부담에 허덕일 수도 있다.

하지만 재무설계사가 가정하는 여러분의 인생은 항상 낙관적이다. 낙관적이지 않으면 저축, 투자, 보험을 제안하기 어렵기 때문이다.

따라서 앞으로 다가올 미래의 위험에 대해 '대비할 것'과 '대비하지 않아도 되는 것' 2가지로 구분하는 것이 중요하다. 가령 감기에 걸리는 것은 비용과 시간 면에서 모두 큰 영향을 미치지 않지만, 암에 걸린다면 설정해 둔 인생 계획이 바뀔 것이다. 부모님께 용돈을 드리는 것은 선택이지만, 부모님이 편찮으시고 노후가 준비되지 않은 것은 위험요소이다.

다음의 질문에 답해 보자. 특히 위험에 대비하기 위한 비용을 상세하게 적어야 한다. 위험을 반영하지 않은 재무설계는 깨질 수밖에 없기 때문이다. 예상되는 위험이 있다면 생각만 하지 말고 구체적인 규모를 예측하고 대비하라.

나의 재무 위험도

Q) 교육비가 200만 원이 넘는 자기계발 비용을 쓸 예정이 있는가?	Yes	No
예상하고 있는 시기는 언제이고, 소요되는 비용과 기간은 얼마인가?		
Q) 장래에 경영대학원(MBA), 대학원 등 고등 교육을 예정하고 있는가?	Yes	No
예상하고 있는 시기와 기간은 얼마인가?(전일MBA, 병행MBA)		
예상 비용은 얼마인가?		
MBA 수료 후 나의 가치는 얼마나 상승하는가? (연봉, 승진, 임원 가능성 등)		
Q) 이직을 생각하고 있는가?	Yes	No
이직할 곳이 확정된 후에 옮길 것인가?	Yes	No
확정되기 전에 옮긴다면 아래 사항에 대해서 답변해 보자.		
추가 소득 없이 몇 개월을 지낼 수 있는가?		
교육을 받을 예정이라면 교육비와 소요기간은 얼마인가?		
Q) 앞으로 10년 후, 20년 후의 경력 지도(Career Path)를 그려 두었었는가?	Yes	No
명확하지는 않지만 미래의 소득에 대해서 자신이 있다.	Yes	No
자신이 없다면 앞으로 어떻게 극복할 것인가?		
Q) 결혼을 예정하고 있는가?	Yes	No
결혼 비용은 얼마나 준비되어 있는가? (예식장, 신혼여행, 스냅사진 등 부대비용)		
신혼집에 대한 구상과 비용 분담 계획은 세워져 있는가?	Yes	No
Q) 질병 발생 시 병원비 및 생활비에 대한 계획은 세워져 있는가?	Yes	No
친지 중 아픈 분이 있으셨는가? (가족력을 확인해서 그 질병 위주의 보장계획)	Yes	No
이제까지 아픈 적이 있었다면 어떠한 질병이나 상해였는가?		
Q) 부모님, 가족에 대해 미래가 준비되어 있는가?	Yes	No
부모님의 노후 생활은 준비되어 있는가?	Yes	No
준비되어 있다면 연금 및 자산은 얼마인가?		

Q) 부모님께 발생할 병원비에 대한 준비는 되어 있는가? (보험 또는 현금자산)	Yes	No
Q) 준비되어 있지 않다면, 부모님 연금 또는 병원비를 위해 내가 준비해야 할 금액은 얼마인가?		
Q) 부모님이 거주하는 집을 마련하는 데 도움을 주어야 하는가?	Yes	No
도움을 주어야 한다면 비용은 어느 정도인가?		
Q) 형제의 결혼 또는 큰일이 생겼을 때 도움을 주어야 하는가?	Yes	No

TIP ⁄⁄⁄⁄⁄

재무설계사와 미팅 시 확인 사항

■ 다양하고 깊은 질문들을 통해서 내가 예상하지 못한 비용까지 재무설계사가 파악하는지를 확인하라. 그리고 그에 대한 대비책도 포트폴리오에 넣어 주는지 확인하라.

　예) 부모님 칠순, 부모님 병환, 이사(복비, 청소, 이삿짐, 대출 보증보험 비용 등)

■ 포트폴리오를 제안할 때 재무설계사의 태도에 주목하라.

－ 나의 상황에 맞는 상품인지를 설명하려고 하는지, 상품의 장점만 언급하면서 나에게 판매하려고 하는지를 염두에 두어야 한다. 말도 '아' 다르고 '어' 다르듯이 우선순위를 어디에 두느냐에 따라 나에 대한 재무설계사의 생각을 알 수 있다.

■ 중간 점검을 해 주는 재무설계사를 만나라.

가슴 뛰는 목표에는 '그림'이 있다

대부분의 자기계발서는 목표 설정의 중요성을 강조한다. 목표만 제대로 설정된다면, 그 목표를 이루기 위한 방법은 스스로 알아낼 것이라는 것이 핵심 메시지이다. 그런데 실제로는 어떠한가? 대부분의 목표는 그것을 종이에 작성할 때만 나의 기분을 좋게 할 뿐, 현실에서는 내 삶에 들어오지 못한다. 왜 이런 것일까? 대체로 구체성이 떨어지기 때문이다.

고객들을 만나면 항상 그들에게 '당신의 재무 목표를 적어 보라'고 하는데, 그들이 세운 목표를 보고 있자면 힘이 빠질 때가 많다. 고객들이 설정한 목표가 대한민국 27평 아파트의 모델하우스를 보듯 거의 흡사하기 때문이다. 내 집 마련하기, 자동차 사기, 해외여행 가기, 부모님께 효도하기(집 사 드리기에서 용돈까지), 결혼자금 마련하기 등등.

고객들이 이처럼 목표를 구체적이지 않고 추상적으로 적다 보니, 솔직히 고백하자면 어떨 때는 자신의 목표를 잘 적지 못하는 고객들에게 위의 내용을 가이드해 준 적도 있다.

단순하게 추상적으로 적은 목표는 내 마음을 절대 움직일 수 없다. 예를 들어 '내 집 마련'을 보자.

집이란 보통 살아가면서 살 수 있는 상품 중에서 가장 비싼 상품에 속한다. 그러기에 그 비용을 마련하기까지 걸리는 시간 동안 계속해서 최면을 걸 수 있을 정도의 매력이 있어야 한다. 그래서 '내 집 마련'에 최면을 걸기 위해서는 머릿속에 구체적으로 그림을 그려 주어야 한다.

내 집 마련과 연결되는 나의 그림은 '아이가 원목 계단에서 책을 읽으며 싱긋 웃는 모습'이다. 고시원부터 옥탑방을 거쳐 아파트 청약에 당첨되기까지 나는 서울에서만 열두 번의 이사를 했다. 거의 매년 이사를 하다 보니 하루라도 빨리 내 집을 구해 안정감을 갖고 싶은 마음이 간절해졌다. 그리고 가족들에게는 이런 불안한 기억을 심어 주고 싶지 않았다. 이 기억만으로도 내 집 마련에 대한 동경과 갈망은 충분했지만, 나는 그보다 더 긍정적인 이미지를 만들고 싶었다.

그래서 내 어린 시절을 떠올려 보았다. 내가 가장 좋아한 공간은 계단이었다. 어머니께 용돈을 받으면 조립 로봇을 사서 계단으로 갔다. 그리고 그것을 조립하며 그렇게 행복해했었다.

내 집이 생긴다면 아이에게 내 어린 시절의 계단과 같은 아이만의 공간을 갖게 해 주고 싶었다. 원목 계단에서 책을 읽거나 좋아하는 로봇을 가지고 놀며 행복해하는 아이의 모습. 그것을 상상하니 꼭 내 집을 마련하고 싶어졌다.

나의 재무 목표 중 '내 집 마련'은 이 그림에서 시작한다. 계단이 있는 집. 그리고 거기에 교육시설이 잘 갖춰져 있고 출퇴근이 용이한 위치, 재정 능력에 맞는 조건은 이 그림에 맞추면 된다. 이 그림은 나의 꿈을 계속해서 응원할 것이다.

워드픽처(Word Picture)의 사전적 정의는 '그림을 보는 듯한 서술'이다. 목표 설정을 위해 사용하는 도구 중 하나로 효과가 좋다.

여러분의 재무 목표를 그림처럼 생생하게 표현해 보아라. 나아가 그 목표를 그림으로 형상화해 보아라. 그것이 여러분의 꿈을 실현시켜 줄 것이다.

저축만 하는 건 바보다?

A는 요즈음 보기 드문 '근면과 성실'의 표본이었다. 기숙사가 있는 회사에서 세끼를 모두 해결하며 일하고 있는 A의 급여는 월 300만 원. 그가 1년간 모은 돈은 3,000만 원이었다. 그러한 A를 보고 주변에서는 혀를 내둘렀다. 그런데 A가 재무설계사를 만난 후 필자를 찾아와서는 답답함을 호소했다.

"재무설계사가 나 보고 바보래요. 어떻게 돈을 이자도 없는 입출금 통장에 그냥 쌓아 두기만 했냐면서요. 그러고는 제게 펀드와 연금 상품을 통해서 분산 투자를 하라는데 맞는 말인가요?"

그 재무설계사는 눈을 감고 코끼리 다리를 만진 후 기둥이라고 말하는 우를 범했다.

눈앞의 삶이 아닌 100세 인생을 그린다면 A의 저축 방법은 잘못된 것일 수 있다. 하지만 입출금통장에 3,000만 원을 쌓아 두기까지 유혹에 흔들리지 않은 A는 전혀 일반적이지 않다. 오히려 본인의 욕구에 따라 돈은 술, 여행, IT기기, 수입차, 명품 가방으로 바뀌는 것이 일반적인 상황이다.

재무설계사는 A가 왜 그러한 유혹을 이겨 내고 3,000만 원을 통장에 쌓았는지에 대한 이유를 물어보았어야 했다. 하지만 그 재무설계사는 그러지 않았다.

재무설계사에게 말하지 않은 A의 속사정은 집안 사정과 관련이 있었다. 부모님의 이혼으로 고생만 한 어머니에게 아들은 마음의 짐이 있었다. 어머니에게 손은 벌리지 않았지만 그렇다고 큰 힘이 되지도 못했다. A는 건물 청소를 하며 월세 지하방에서 지내시는 어머니의 모습에 집 하나만은 편안한 곳에서 걱정 없이 지내시도록 하고 싶었다. '고생하시는 어머니를 위한 전셋집 마련'은 그에게 너무나도 선명한 목포였다.

집값을 알아보니 어머니의 일터 근처 서울 마포구에 위치한 방 2칸짜리 빌라의 전세 가격은 '1억 5,000만 원'이었다(한국감정원 전국주택전세가격동향 2019년 3월 기준).

'어머니가 편안하게 지내실 수 있는 전셋집 마련'이라는 그림은 선명했지만 '어떻게'가 전혀 보이지 않았던 그가 선택한 방법은 '닥치고 절약'이었다. 회사 기숙사에서 지내다 보니 돈 쓸 일이 별로 없었다. 덕분에 주말에도 회사 밖으로 나오지 않고 A는 돈을 모았다. 그 과정이 있었기에 3,000만 원을 모을 수 있었던 것이다. 이때 조금이라도 더 이자를 챙길 수 있는 작은 방법들이 있었을 것이다. 하지만 그것이 큰 차이를 가져오지는 않는다.

사회 초년생들이 재무설계할 때 우선적 해야 할 것은 '지출 관리'와 '목표 설정'이다. 왜냐하면 자신의 돈의 흐름을 아는 것이 중요하기 때문이다. 그런데 A는 이미 지출 관리가 되어 있는 상태였고, 큰 목표 또한 설정되어 있었다. 그렇기에 목표 설정을 더 세세히 하는 작업이 필요했다.

더군다나 그에게는 결혼을 약속한 여자친구가 있었다. 하지만 사정이 어렵다 보니 결혼에 대한 구체적인 계획과 자금 마련에 대한 준비가 전혀 되어 있지 않은 상황이었다.

이런 그가 알아야 할 것은 '대출'이다. 전셋집에 들어가고자 하는 이유는 월세보다 더 적은 월 부담액 때문이었다. 가령 보증금 4,500만 원에 월세 50만 원짜리 집에서 거주하는 것보다 전세 1억 5,000만 원 중 4,500만 원을 부담하고 1억 500만 원을 빌려 이자를 상환

한다면 월 부담액이 30만 원도 되지 않는다. 무주택인 데다가 A의 소득 수준을 고려하면 주택도시기금(http://nhuf.molit.go.kr)에서 제공하는 버팀목 전세자금을 2.7% 이하의 저금리로 대출받을 수도 있다. 게다가 목표 금액이 1억 5,000만 원에서 4,500만 원으로 줄어들면서 기간도 확 줄어들게 된다. 그리고 만약 1억 5,000만 원 모으는 것을 목표로 잡고 간다면 당연히 결혼자금을 마련하려는 계획은 너무나도 먼 미래가 될 것이다.

대출을 생각하니 A는 예비 신부와 함께 결혼자금 마련을 계획할 수 있었다. 스몰웨딩을 하고 두 사람 자취방에 있던 가구와 가전제품을 그대로 쓰기로 하고 대출을 통한 빌라 전셋집을 계획하니, 목표 금액도 3,000만 원으로 눈에 보이는 목표가 만들어졌다.

A의 구체적인 자금 모으기

목표	방법	구체적 목표 금액	기한	비고
어머니 전셋집 (1억 5,000만 원)	대출 70% + 현금 30%	4,500만 원	6개월	
결혼자금 마련	스몰웨딩 + 혼수 전셋집	3,000만 원	1년	– 아내와 같이 자금 마련 – 대출 활용

이 재무설계가 그리고 저축만 하는 계획이 무식해 보일 수 있다. 하지만 A의 행복의 중요한 요소인 '가족과 함께하는 집'이라는 키워드

를 중심에 두고 가기에는 손색이 없다. 물론 이 기간 중에 통장을 쪼개고, 금리 및 투자와 관련된 금융지식을 쌓아야 함은 물론이고, 이후 만들어진 종잣돈을 통해서 자금을 불릴 계획도 잡아야 한다. 그것이 부동산, 펀드 등 무엇이 되었든 간에 이 기간 중에 공부를 해서 금융지식을 올려야 다음 단계가 있을 것이다. 따라서 현 단계에서 A에게 저축은 지금의 상황을 돌파하는 데 가장 좋은 수단이다.

이러한 상황에 대해 자세히 물어보거나 파악하려 하지 않고 상품 팔기에만 급급한 재무설계사는 좋은 재무설계사라 할 수 없을 것이다.

직장인의
실제 돈 모으는 법

건강관리 어플 중에 사용자가 매일 자신의 식습관과 운동량을 기록하면, 그것을 바탕으로 헬스 트레이너와 영양사들이 실시간 채팅으로 코치해 주고 목표 체중에 도달하게 도와주는 것이 있다.

예를 들어 그 어플에서는 운동하는 사람에게 일 1400kcal, 스쿼트 45개, 1만 보와 같은 구체적인 목표를 제공하고, 그 후 운동코치와 함께 실제 수행 결과를 피드백하며 참여자에게 작은 성공을 맛보게 한다. 참여자는 그 작은 성공의 맛을 보고 또 맛보기 위해 노력하는 과정을 반복해 그것이 습관으로 이어지도록 한다.

그 습관에 중독되면 삶이 바뀐다. 가령 오늘의 목표가 1만 보 걷기였는데 8,000보밖에 걷질 못했다면 퇴근할 때 원래 내려야 하는 정거장 전에서 내려 집까지 걷게 된다. 1만 보라는 구체적 목표와 그것을 이루려는 습관의 힘이 나를 그렇게 변화시키는 것이다.

재무 목표 설정도 이와 같아야 한다. 구체적인 목표를 바탕으로 실천하고 피드백하는 과정이 습관처럼 몸에 배도록 해야 하는 것이다. 단, 차이점은 건강관리 어플의 경우 목표를 참여자에게 맞게 운동코치가 정해 주지만, 재무 목표는 자신이 스스로 정해야 한다는 것이다. 또는 '진짜' 재무설계사가 건강관리 어플처럼 우리에게 구체적인 목표를 알려 주어야 한다. 만약 진짜 재무설계사를 만나지 못했다면 피터 드러커가 소개한 스마트(SMART) 기법에 따라 목표를 설정하는 것도 좋은 방법이다.

- Specific(구체적이고)
- Measurable(측정 가능하며)
- Achievable(달성이 가능해야 할 뿐 아니라)
- Realistic(현실적으로 가능하고)
- Time-bounded(마감 시한이 있어야 한다)

SMART 목표 설정은 기업 경영에서 많이 활용되는 목표 설정 방법인데, 이 중에서 포기하지 않고 지속 가능한 목표를 설정하기 위해서는 Achievable(이룰 수 있는)과 Time-bounded(시간이 정해진)가 특히 중요하다.

앞에서 다루었던 전셋집 마련에 필요한 돈 '1억 5,000만 원'은 평범한 직장인에게 현실적으로 너무나도 큰 금액이다. 그 돈은 1년 안에 모을 수 있는 금액이 전혀 아니다. 그래서 이때 '시간을 정하지 않고 1억 5,000만 원을 모으기 위해 내가 할 수 있는 모든 저축을 다하겠다' 하고 단순하게 생각한다면 금방 지쳐 버릴 것이다.

그보다는 매월 최대한 모을 수 있는 금액, 즉 '이룰 수 있는' 목표부터 계산해야 한다. 지치지 않고 꾸준히 갈 수 있는 목표가 여러분을 계속 이끌 것이기 때문이다. 작은 성공의 힘은 여러분을 꾸준히 이끌어 습관으로 만들어 줄 것이다.

매월 모을 수 있는 금액을 설정했다면, 1년 중 발생할 수 있는 긍정적인 이벤트를 추가로 기입하자. 가령 인센티브, 명절상여금, 복지수당, 자동차보험 환급금, 연말정산 환급금, 연봉 상승 등이 있을 것이다.

매월 모을 수 있는 금액과 추가 이벤트를 통한 금액, 이 2가지를 합치면 연간 목표가 이루어진다. 이것을 도표화하면 다음과 같다.

목표 금액 도표화

항목	매월 모을 수 있는 금액 (= 수입 − 지출 + 절약가능 금액)	목표 기간 (2019.05~2020.04) (직장인은 1년 추천)	예상된 긍정적인 이벤트 (인센티브, 상여금, 연말정산 환급금 등)	1년 목표 금액 (매월 모을 수 있는 금액×12) + 긍정적인 이벤트
기간일 금액	100만 원	12개월	300만 원	1,500만 원

목표 금액(1,500만원) 누적 추이

	저축금액	누적금액	달성률
2019년 5월	100만 원	100만 원	7%
2019년 6월	100만 원	200만 원	13%
2019년 7월	100만 원	300만 원	20%
2019년 8월	100만 원	400만 원	27%
2019년 9월	100만 원+70만 원(추석 상여)	570만 원	38%

　목표 금액을 도표화하는 방법은 본인에게 맞는 방법을 사용하면 된다. 위와 같이 본인에게 맞는 엑셀표를 작성해 관리하는 것도 좋은 방법이고, 뱅크샐러드(https://banksalad.com), 브로콜리(https://www.mybroccoli.co.kr), 네이버 가계부(moneybook.naver.com) 같이 자산관리 어플이 본인에게 맞는다면 그것을 사용하면 된다. 무엇보다 중요한 건 설정한 목표를 달성하기 위해 끊임없이 지치지 않고 반복하는 습관을 몸에 배도록 하는 것이다.

　이렇듯 '이룰 수 있는' 목표는 여러분을 이끌어 줄 것이다. 그리고 그것이 발전되면 감정이 아닌 '목표와 습관'이 여러분의 삶을 이끌게 될 것이다.

스스로 재무 목표를 만들어 보자

 백지에 나의 계획을 적으려면 막막하다. 그럴 땐 외부의 질문에 따라서 해 보는 것이 쉬울 때가 있다. 아래의 그림을 따라서 나의 삶에서 돈이 필요한 것들을 적어 보자. 생각나는 모든 걸 적는 것이 좋다. 가능한 한 큰 흰 종이를 준비하고, 다음의 순서대로 적어 보자.

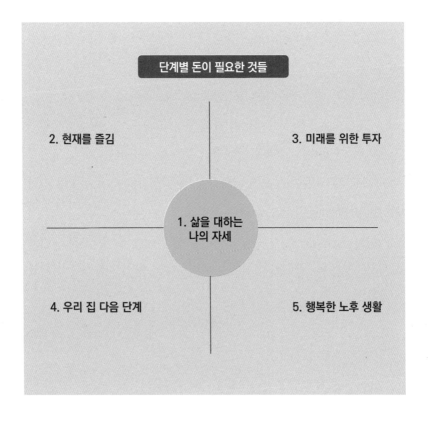

1. '삶을 대하는 나의 자세'는 본격적으로 재무 목표를 적기에 앞서서 결국 '나는 어떤 기준으로 삶을 살아갈 것인가' 고민해 보는 문항이다. '왜'(why)에 대한 질문이다. '난 왜 돈을 모으는가?' 이 방향성이 가장 중요하다. 모든 문항을 작성한 후에 작성한 내용이 1번 문항의 방향과 일치한다면 여러분의 방향성은 좋다고 할 수 있다.

2. '현재를 즐김'에는 여행, 취미, 가지고 싶은 물건 등 1~3년 내에 30만 원 이상의 돈이 들어가는 계획을 적는다. 사회 초년생의 경우에는 계절에 따라 정장 및 고가 패션 아이템이 필요할 수도 있을 것이다.

3. '미래를 위한 투자'에서는 현재 직장에서 보다 성장하기 위해서 필요한 교육 또는 취미가 직업이 될 수 있도록 하기 위한 나의 투자 등을 적는다. 무작정 사업을 하겠다는 이야기는 공언으로 남을 확률이 크다. 사업을 하기 위한 아이템 선정, 마케팅 방향 등에 대해서 교육을 받는 비용을 미리 계획한다면 여러분의 미래는 구체적으로 바뀔 것이다.

4. '우리 집 다음 단계'는 제목 그대로 현재 월세에 살고 있다면 전세, 전세 만기가 다가온다면 다음 전세 또는 매매 등을 위한 계획을 적는다. 여기에서는 정보가 중요하다. 직방(https://www.zigbang.com), 호갱노노(https://hogangnono.com), 네이버 부동산(land.naver.com) 등 부동산 사이트나 어플을 통해서 구체적으로 지역과 유형, 목표 금액을 찾아본다. 그리고 지방자치단체나 국가의 지원도 꼭 염두에 두어야 한다[청년주거포털(http://housing.seoul.kr). 국토교통부 행복주택(www.molit.go.kr/happyhouse/info.jsp)]

5. '행복한 노후 생활'을 위해 현재 준비하고 있는 내용을 포함해 향후 계획을 함께 적는다. 국민연금과 주택연금, 현재 나의 자산 증식 방법 등을 적으면 된다.

'단계별 돈이 필요한 것들' 작성 예시

현재를 즐김

해외여행
스노우보드 구입+시즌권
부모님 환갑 선물

미래를 위한 투자

5년 후 MBA 진학
가구제작 배우기
부동산경매, 퀀텀투자 배우기

'나'와 '가족'
모두가 행복할 수
있는 삶

우리 집 다음 단계

청약리스트 확정 후 비용 계획
전용 85m² 이하의 5억 원 아파트
2호선 라인에 1억 5,000만 원짜리
빌라 전세

행복한 노후 생활

국민연금, 주택연금
수입의 10%는 공격적 투자
자산을 만들기 위한 연금 불입
임대수입을 만들기 위한 부동산 학습

'나의 삶에서 돈이 필요한 것들'을 모두 적었다면 이제 목표를 명확히 힐 차례이다. 구체적으로 목표를 명확하게 적지 않으면 계획은 그냥 종이 위에 글자로 남는다.

다음의 예시와 같이 목표를 보다 구체화하고 필요한 금액을 최대한 자세하게 적는다. 그리고 실행일에 카드 결제가 아닌 그동안 저축한 돈을 사용하기 위해 저축 계획을 수립한다.

재무 목표의 구체화 예시 1(여름 휴가)

구체적 목표(육하원칙)	부모님과 함께 내년 여름휴가 때 태국으로 여행을 간다.
필요 금액	3인 항공료, 숙박비, 자동차 렌트비, 식비 및 기타 비용 약 500만 원
목표 실행까지 남은 기간	10개월
저축 계획	현재 예비비 200만 원 설날 상여금 100만 원 월 20만 원씩 CMA에 저축

여행보다 큰돈이 드는 집과 관련된 것은 조사된 내용까지 최대한 자세하게 적어 본다.

재무 목표의 구체화 예시 2(주택 구입)

목표 금액	현재 준비 자산	대출 가능 금액	저축 및 필요금액
신혼희망타운 4억 6,000만 원	전세금 1억 5,000만 원 금융자산 1억 원	신혼희망타운의 경우 집값 70%까지 대출 가능	이 목표를 위해 저축하는 금액은 현재까지 별도로 없음. 오히려 저금리 대출을 최대한 활용하는 방법을 고려

이렇게 각 목표별로 세부계획을 세운 후 종합하는 과정은 지출관리 계획 후에 하도록 하자. 이유는 이렇게 세부 목표계획에 필요한 월 저축액을 모아 보면 필연적으로 나의 수입보다 많을 수밖에 없기 때문이다. 그렇다면 방법은 다음 2가지다.

① 수입을 늘리거나, 지출을 아껴서 저축 가능 금액을 올린다.

② 각 월 저축액을 조정하거나, 우선순위를 정해서 시기를 조정한다.

그러므로 재무목표 수립과 나의 현금 흐름을 아는 것은 함께 갈 수밖에 없다.

3장

지출 관리를 해 준다는
거짓말

지출 관리의 시작,
신용카드

아이가 태어나고 아버지는 손에 든 담배를 꺾어서 쓰레기통에 던진다. 드라마나 광고 등에서 '금연'을 묘사할 때 상징적으로 나오는 장면이다. 이것과 유사한 의식이 있는데, 소비를 줄여야겠다고 생각하는 순간 가위로 신용카드를 자르는 것이다.

하지만 신용카드를 자른다고 문제가 해결되지 않는다. 오히려 경계해야 할 것은 소비에 둔감해진 나 자신이다. 따라서 신용카드를 무조건 자르는 것이 중요한 것이 아니라 나의 자제력을 먼저 점검해 보는 것이 중요하다.

자제력이 없는 사람이라면 체크카드 또한 위험하다. 월 50만 원을 사용하겠다고 마음먹은 '식비 체크카드'에 비용이 부족하다고 20만 원을 채우고 또다시 10만 원을 채우는 행태를 한다면 그것은 신용카드와 다를 바 없기 때문이다. 그럴 경우는 체크카드도 아닌 현금만 사용하는 등 더 강제적인 지출 자제력이 필요할 것이다.

그렇지 않은 경우라면 '신용카드'를 계획적인 소비의 수단으로서 자리를 잡게 하는 것이 중요하다. 소비의 일부는 신용카드로, 다른 일부는 체크카드와 현금으로 나누어 사용하는 것이 좋을 것이다.

2018년 기준 월 평균 총소비는 238만 원으로, 이 중에서 현금이 아닌 카드로 사용하기 쉬운 항목을 모두 더해 보면 약 141만 원 정도다(식비 53만 원, 의류·패션·잡화 구입·이미용비 21만 원, 교통비 23만 원, 통신비 15만 원, 여가·운동·취미활동비 29만 원).

여기에서 만약 90만 원을 카드로 사용한다면 그 혜택이 얼마일까? 일반적으로 혜택을 많이 주는 통신비, 렌탈비(정수기), 대출금리 3가지를 예로 들어 보자.

신용카드 사용 시 할인 혜택 금액

구분	월 할인액	1년 혜택 금액
통신비	1만 5,000원	18만 원
렌탈비(정수기)	1만 5,000원	18만 원
대출금리 0.1% 할인 (대출금액이 1억 원일 때)	8,300원	9만 9,600원
합계	3만 8,300원	45만 9,600원

위 표를 보면, 신용카드 사용으로 1년에 약 46만 원의 할인 혜택을 보게 된다. 여기에 각각의 신용카드 연회비를 2만 원이라고 가정하면

40만 원 정도 할인을 받는 것이다. 3,500만 원의 연봉을 받는 사람이 '신용카드 등 사용금액 소득공제'로 받을 수 있는 금액이 약 45만 원이므로 적지 않은 금액이라 할 수 있다.

이처럼 신용카드는 무조건 경계해야 할 대상이 아니다. 본인의 소비 성향을 확인해서 신용카드가 적합한 수단이라면, 그것을 선택하는 것이 나의 자산 형성에 더 많은 도움을 줄 것이다.

나로부터 내 돈을 지키는 것이 중요하다

하지만 지갑에 얼마가 들어 있는지 앞으로 나갈 돈이 얼마인지까지 자세히 알고 있었던 학창 시절과 비교해 직장인의 경우 통장을 통해 월급이 들어오고 각종 공과금들이 빠져나가다 보니 지갑에 현금 대신 카드만 있는 경우가 많다. 이 때문에 가끔 통장을 확인할 뿐 평상시에는 '마이너스만 되지 않으면 돼'라는 안일한 생각으로 무감각하게 지낸다.

그런데 이 무감각이 대단한 것을 쇼핑하지 않았음에도 카드대금을 200만 원으로 만드는 마법을 부리게 된다. 이 무감각에서 벗어나고자 어플, 가계부 등을 사용하려 하지만 실체 없는 돈, 즉 카드를 쓰는 현대인들은 그 무감각에서 벗어나기가 쉽지 않다.

그때 그들이 나타난다. 지출 관리를 해 주겠다는 것이다. 과연 그들은 순수한 의도에서 우리의 지출 관리를 해 주겠다고 하는 것일까? 이미 가입한 예·적금과 보험을 깨서 일단 현금을 확보하게 한 후 재무설계사 자신에게 가장 높은 수수료를 주는 상품으로 가입시키려는 의도라면 어떨까?

결제일이면 뭉텅뭉텅 자연스럽게 빠져나가는 내 돈 지출에 대한 무관심을 수면 위로 끌어올려야 한다. 혼자하기 힘들다고 해서 무조건적으로 재무설계사의 가이드를 따르는 것은 좋지 않다. 앞서 세운 목표와 그 목표를 이루기 위해 내가 할 수 있는 지출 관리를 스스로 생각하고 필요한 도움이 무엇인지를 구체적으로 계획하여 재무설계사에게 도움을 요청하는 것이 가장 효과적이다.

나로부터 내 돈을 지키고, 나의 돈을 노리는 재무설계사로부터 내 돈을 지켜야 한다.

나의 소비 자제력 평가하기

다음 질문에 답하고 결과에 따라서 본인의 소비 계획을 짜는 데 활용하자.

소비 성향 테스트

질 문	Yes	No
월급, 용돈이 들어오면 바로 사려는 물건이 있다.		
스트레스를 받으면 쇼핑으로 해결한다.		
신상품이라는 이유로 필요하지 않은 물건을 산 적이 있다.		
돈이 부족하면 할부를 해서라도 산다.		
택시를 자주 탄다.		
점심, 저녁, 커피 등 함께 먹으면 내가 결제하려 한다.		
여름, 겨울 휴가 비용에 각 100만 원 이상씩 사용한다.		
고가품(전자제품, 명품 등)을 구매하기 위해 미리 자금 마련 계획을 세우지 않는다.		
가계부를 써 본 적이 없다.		
'저축' 목적의 금융 상품에 가입한 적이 없다.		

7개 이상

– 소비에 대한 절제력이 많이 부족한 상황이다. 이때의 신용카드는 악마와 같은 친구이다. 백해무익하니 신용카드를 자르고 절제된 소비생활을 해야 한다. 이때는 체크카드도 위험하므로 현금만 활용하는 '미라클 일주일 지갑'*을 추천한다.

4개 이상

– 본인의 '의지'에 따라 소비는 절제될 수 있다. 다만 그 '의지'는 금방 바닥나기

쉽기 때문에 습관을 만드는 것이 보다 중요하다. 아래의 '미라클 일주일 지갑'을 활용해도 좋지만 이러한 자제력이라면 체크카드 사용도 가능하다.

3개 이하

– 완벽한 소비습관이다. 이제는 '7개 이상'이 포기했던 포인트, 쿠폰, 할인을 활용할 때다. 본인의 소비생활을 분석하고 각 카드별 할인 혜택을 비교하여 신용카드를 선택하기 바란다. 가계부 관리 어플을 활용하면 본인의 소비생활에 적합한 카드를 추천받을 수 있다. 보통 30만 원 기준으로 혜택을 주니 2~3개의 신용카드와 체크카드를 사용하고, 나머지를 현금으로 활용할 것을 추천한다.

미라클 일주일 지갑

– 일주일간 사용할 비용을 미리 지갑에 넣어 두는 것이다. 덕분에 가계부를 쓰지 않아도 일주일간 사용하는 비용을 '눈'으로 직접 확인할 수 있다. 눈으로 확인하며 소비하는 습관을 가지는 것만으로도 '무절제한 소비'는 잡힐 수 있다.
– 모든 항목을 절제하는 것은 어려워 포기할 수 있으므로 처음 시작은 '식비'에만 집중한다. 식비를 외식비와 마트비로 구분하여 사용한다. 단, 자신의 식생활 소비의 특성이 있는 경우에는 외식, 커피, 편의점, 마트비 등으로 구분할 수 있다. 신용카드를 써서 포인트와 쿠폰 등의 혜택을 받을 순 있지만, 이때는 그러한 절약보다 전체적인 나의 '소비'를 확인하는 것이 중요하므로 과감히 포기한다.
– 영수증을 지갑에 보관하여 두었다가 일주일마다 A~C까지로 평가한다.
– '식비'가 관리되면 범위를 생활비에까지 늘려간다. 한 지갑으로 사용한다면 칸을 나누어서 관리할 것을 추천한다. 사람에 따라 '식비+식비 외', '식비+쇼핑비' 등으로 구분하여 사용할 수 있을 것이다.

Should Be와
As is

　문제를 해결하기 위해서는 목표로 하는 상황(Should be)과 현재 상황(As is) 사이의 차이(Gap)를 인식하는 것이 가장 중요하다. 앞에서 우리는 목표에 대한 이야기를 나누었다. 이제는 현재에 집중할 때이다.

　다음 그림에서 보듯 재무목표 2단계인 '재무상황 분석'에서는 현재까지의 자산 상황을 모두 기재해야 한다. 저축뿐 아니라 대출, 그리고 부모님께서 증여해 주실 재산이 있다면 그것도 미리 기재해 두는 것이 좋다. 그리고 현재 나의 지출 상황에 대해서도 최대한 자세하게 기새하고, 앞으로 예상되는 이벤트에 대한 것도 함께 기재해야 한다. 이에 대한 내용은 뒤에서 자세하게 다룰 것이다.

　현재 우리의 상황을 파악하고 목표와의 차이를 날려 버리자.

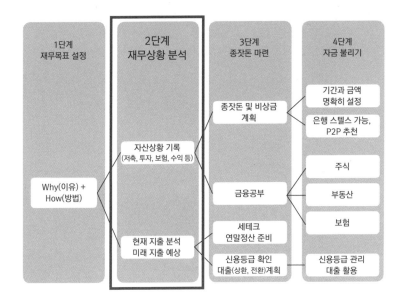

재무목표 흐름표 중 2단계

| 1단계
재무목표 설정 | 2단계
재무상황 분석 | 3단계
종잣돈 마련 | 4단계
자금 불리기 |

- 종잣돈 및 비상금 계획 → 기간과 금액 명확히 설정 / 은행 스텔스 가능, P2P 추천
- 자산상황 기록 (저축, 투자, 보험, 수익 등)
- Why(이유) + How(방법)
- 금융공부 → 주식 / 부동산 / 보험
- 현재 지출 분석 미래 지출 예상
- 세테크 연말정산 준비
- 신용등급 확인 대출(상환, 전환)계획 → 신용등급 관리 대출 활용

한 달 지출 내역 알아보기

"3개월 동안 지출 내역을 빠짐없이 기록해 주세요."

재무설계를 요청해 온 사회 초년생들에게 필자가 제일 먼저 하는 말이다. 그들은 '높은 수익률'에만 관심을 갖고 오는 경우가 대부분이라, 처음에 이 말을 들으면 무척이나 당황해한다.

재무설계를 하다 보면 한 달에 자신이 어느 정도의 소비를 하는지 모르는 경우가 대부분이다. 사정이 이러한데 의뢰인의 지출을 명확하게 알지 못한 상태에서 재무설계를 해 준다면 과연 어떤 결과가 나올까?

"1년에 120만 원을 버는 방법에는 두 가지가 있습니다. 첫째는 월 100만 원씩 연이율 21.38% 상품에 저축하는 것이고, 둘째로는 매월 10만 원씩 절약하는 것입니다. 여러분이라면 어떤 방법을 선택하시겠습니까?"

돈을 절약해야 하는 시기와 불려야 하는 시기가 있다. 사회 초년생은 절약해서 모아야 할 시기이다. 그들에게 안전하고 높은 금리를 주는 상품도 중요하지만, 그전에 자신이 매월 최대한 모을 수 있는 금액을 정확히 아는 것이 더 중요한다. 높은 이자를 주는 상품을 찾기 이전에 우선 나의 지출을 통제하는 것이 가장 큰 이익을 가져다준다는 것을 명심해야 한다.

정확한 소비 금액을 알아야 하는 이유가 하나 더 있다. 직장인의 경우 매월 수입은 비슷하지만 소비는 일정하지 않다. 그래서 만약 소비가 가장 적은 달을 가정하여 저축 금액을 결정한다면 그 저축은 결국 중도 해약할 수밖에 없다.

약속한 3개월이 지나고 그 고객을 다시 만났다. 그리고 일어날 수 있는 상황을 가정해서 가급적 자세하게 물었다. 이것이 포인트다. 가령 "한 달에 교통비를 얼마 쓰나요?"가 아니라 "평일에 회사 출퇴근은 무엇으로 하나요? 택시를 타는 날이 있나요? 주말에는 주로 어떤 교통수단을 이용하고 몇 번이나 나가나요?"와 같이 묻는 것이다.

이렇게 자세하게 물으면 한 달에 교통비가 대략 6만 원이라 말하던 것이 15만 원으로 늘어나는 경우도 있다. 식비도 평일 저녁과 주말 식대, 마트 사용 금액을 세세하게 질문한다. 질문이 끝나면 다음과 같은 표를 작성한다.

1개월 생활비 지출 내역

* 29세 싱글 남성, 부모님 댁에서 거주

지출항목		금액(만 원)	비고
고정	교통비(주유)	10	
	핸드폰비	8	
	식비(평일)	15	마트는 부모님
	공과금	30	부모님 용돈 포함
	주거비	0	부모님과 함께 거주
변동	교육비	15	
	문화/생활비	20	주말 각 5만 원
	쇼핑	15	정장 및 회사 출근 복장
	경조사비	10	결혼식 2회 (각 5만 원)
기타	차 보험료/휴가비	20	연간 사용비용/12
합계		143	

답변한 내용을 토대로 금액을 산정해 보니 1개월 지출 비용이 143만 원이었다. 많은 지출이 있을 거라 예상은 했지만 이렇게 지출이 많

은 줄 몰랐던 고객은 식겁한 표정을 짓는 경우가 흔하다.

하지만 여기서 끝난 것이 아니다. 현금 사용액도 확인해야 한다. 현금으로 지불한 식사비와 경조사비 등을 모아 보니 월 평균 20만 원이었다. 결국 그는 대충 예상했던 100만 원보다 63만 원이나 많은 금액을 쓰고 있었던 것이다. 그러니 통장에 돈이 남아 있을 수가 없었다.

이처럼 정확한 소비를 파악했다면 다음 단계가 가능하다. 불필요한 소비 항목을 확인해서 우선적으로 지출을 줄이는 관리를 할 수 있다.

지출 관리는 이렇게

가계부 작성은 쉬운 일이 아니다. 하지만 요즈음은 기능 좋은 어플들이 많이 나와서 문자로 지출 내역을 정리해 알려 준다. 본인 인증을 통해서 확인된 금융사의 정보를 가져오는 것이기 때문에 거의 빠지는 것이 없다. 따라서 공인인증서 또는 금융사의 아이디와 비밀번호를 연동하면 나의 수입·지출 내용을 한눈에 볼 수 있다. 그리고 은행에서 출금되는 내용들도 '지출'로 정리할 수 있다. 현금 사용 내역들만 추가로 기재해 주면 가계부보다 정확한 내용을 기재할 수 있다. 핸드폰뿐만 아니라 PC와 연동되어서 PC로도 볼 수 있다.

하지만 이렇게 좋은 어플이 나와도 내가 사용하지 않으면 소용이 없다. 뱅크샐러드, 브로콜리 등 많은 수입·지출 관리 어플들이 있으니 본인에게 잘 맞는 것을 활용하기 바란다.

　이렇게 본인의 지출 내용을 명확히 알게 된 후에 다음으로 할 작업이 '수입·지출' 흐름표를 작성하는 것이다. 최대한 꼼꼼하게 작성하는 것이 중요하다. 어플을 통해서 알게 된 정보, 카드사 정보, 가계부, 월급명세서 등을 활용해서 아는 내용을 모두 적어야 한다. 이 과정을 통해서 조금씩 변화가 있는 수입과 지출에 대해서 파악해야 한다.

　수입은 월 급여 이외에 상여금과 인센티브 등으로 인해 매달 들어오는 금액이 일정하지 않을 수 있다. 그래서 예측 가능한 금융생활을 하기 위해서는 가장 적게 들어오는 달의 수입을 기준으로 지출을 관리해야 한다. 또한 지출에서는 고정 지출과 변동 지출을 구분해서 확인해야 한다. 이 과정을 통해서 어디서 나의 돈이 새고 있는지를 확인하고 지출을 스스로 통제할 수 있어야 한다.

　지출의 기록과 분석, 2가지가 모두 마무리되어야 그제야 우리는 목표를 달성하기 위해 매달 얼마를 모을 수 있는지, 어떻게 투자할 것인지를 결정지을 수 있다.

수입·지출 흐름 작성표

수 입		지 출	
항 목	금 액	항 목	금 액
근로소득		**고정지출(정기)**	
월 급여(세후)		주거비(월세, 대출이자)	
정기상여금(설, 추석)		주거비(관리비)	
보너스 및 인센티브		주거비(전기, 가스, 수도)	
사업소득		핸드폰	
금융소득		통신(인터넷, TV)	
기타소득		할부(정수기, 유아교육 등)	
고정저축		교육비(학원 등)	
단기 / 중기자금		기부금(정기 기부)	
비상자금		**고정지출(평일)**	
정기 / 자유적금		교통비(주유, 대중교통)	
청약		교통비(비상 시 택시 등)	
펀드		식비(점심)	
주식 / ETF		식비(야근 또는 간식)	
P2P		회식(1/N)	
		변동지출(평일 또는 주말)	
장기자금(노후자금)		식비(마트, 쌀 등 대량구매)	
국민연금		식비(야식)	
개인연금		식비(외식)	
연금저축(보험/신탁/펀드)		문화생활(영화, 뮤지컬 등)	
		문화생활(카페, 모임 등)	
보장자산		취미(동호회, 교육비)	
실손보험			
건강보험		**현금 지출**	
종신보험		경조사비	
		문화생활비	
유입 합계		**유출 합계**	

현명한 지출 관리법

- 지출 항목은 최대한 자세하게 작성하라. 특히, 식비는 지출을 통제했을 때 가장 효과를 많이 볼 수 있는 항목이다.
- 지출을 명확히 하지 않은 상태에서 저축 계획을 세우지 마라.
- 지출 통제를 통해서 이룰 수 있는 나의 재무 목표를 항상 되새겨라. 장기 목표보다는 단기 목표가 나의 맘을 더 설레게 할 것이다.

  예시) 2020년 5월에 떠나는 20일간의 유럽 여행 경비
- 지출을 통제할 자신이 없다면, 지출 관리를 먼저 하고 저축 계획을 실행하라.

당신의 빚에 대해
무관심한 그들

앞서 말했듯이 계획은 습관이다. 재무설계도 계획이 몸에 배어 있는 사람에게 유리하다. 1년 전부터 여행을 계획하는 사람들이 있다. 그들은 여행지와 일정에 적합한 비용을 계산하고, 그 비용을 마련하기 위해 계획을 세운다. 덕분에 가장 저렴한 항공권과 숙박을 준비할 수 있다.

반면에 바쁜 일정을 핑계로 계획을 세우지 못하다가 갑작스레 주말이나 성수기에 여행을 떠나는 사람들은 어떨까? 가장 비싼 요금을 지불하고서야 겨우 예약한다. 또한 여행을 가서도 '언제 또 오겠어?'라는 생각에 비싸더라도 쉽게 돈을 쓴다. 그때 지불한 비용에 대해서는 다시 채울 생각이 거의 없다.

계획적 여행은 무분별한 지출을 막아 준다. 여행 이외에도 가전제품, 교육비, 차량 등 충동적인 지출이 이루어졌을 때 재무설계에 심각한 영향을 미치는 것들이 많이 있다.

우리는 신용카드, 신용대출, 마이너스통장 등 빚을 쉽게 질 수 있는 상황에 무방비로 노출되어 있다. 신용카드의 등장으로 '우선 쓰고 나중에 갚는 방식'에 우리는 익숙해졌다. 이러한 방식 때문에 지출에 대한 생각은 마비되어서 카드사에서 보낸 '○○○님 01/25 결제금액 1,578,910원' 문자에 현실감을 느끼지 못한다.

그렇게 되면 내 돈에 대한 주인 의식이 점점 없어진다. 철저히 지출을 계획하라. 빚에 생활이 지배당하면 모든 것에 제약이 생긴다. 나의 꿈도, 가족도, 미래도 모두 물거품이 될 가능성이 높다. 그렇기에 지출은 철저히 관리되어야 한다. 저축을 가능하게 하는 금액은 결국 '수입—지출'이다. 직장인의 경우 보통 수입은 고정되어 있기 때문에 저축은 지출이 결정한다. 지출에 대한 생각을 바꾸어야 한다.

지출에 대해 나에게 자세하게 물어봐 주는 재무설계사를 찾아라. 그런 사람이 진짜일 가능성이 높다.

대출을 권하는 그들

"금리 낮은 대출은 그대로 두고 우선 제가 제안한 상품으로 돈을 모읍시다. 대출보다 높은 이자가 쌓이기 때문에 추후에 돈이 모였을 때 대출을 갚아도 됩니다."

이율 4.13%의 1,000만 원짜리 마이너스통장을 가지고 있던 필자에게 재무설계사가 한 말이었다. 그는 5% 이상의 이자를 주는 상품이 있으니 그것부터 가입하자고 말했다. 과연 그의 말을 그대로 따라도 될까?

마이너스통장은 개설하기 쉽다. 굳이 은행에 가지 않고도 핸드폰이나 PC를 통해서 5분 만에도 만들 수 있다. 하지만 사용한 돈을 상환하기란 하늘의 별 따기다. '짧게 쓰고 금방 상환해야지' 하는 계획은 쉽게 이루어지지 않는다. 분명 금방 갚으려고 했는데 오히려 대출액이 늘어난 경험이 있을 것이다. 2019년 1분기 기준 마이너스통장 포함 가계 대출 잔액이 1,451조 9,000억 원으로 전기 대비 5조 2000억 원이 증가했다는 것이 이 같은 사실을 뒷받침한다.

그런데 대출받는 것도 능력이라며, 대출을 부추기고 그 돈으로 투자를 권하는 재무설계사들이 있다. 대출 이자보다 투자 수익이 높다면 그들의 논리는 맞는 말이 된다. 확실하다고 말할 수 있다면 그의 말을 믿어도 될 것이다. 그런데 그가 말한 5% 이율은 확실한가? 그보다 먼저 나의 잘못된 지출 습관으로 인해서 오히려 대출액이 더 늘어나지 않을지를 생각해 보아야 한다.

마이너스통장은 단기간 돈을 빌리고 갚는 것이 편한 '단기 비상 자금' 용도의 상품이다. 만약 1,000만 원을 1~2개월이 아니라 1년 이상 갚지 못하는 상황이라면 신용대출로 전환하는 게 낫다. 보통 신용대출이 마이너스통장보다 0.5%p 더 낮은 이자를 부담하기 때문이다.

제대로 된 재무설계사라면 더 높은 금리의 투자 상품을 권하기 이전에 의뢰인의 대출 상황부터 분석해 주어야 한다. 더 낮은 금리의 대출로 바꿀 수 있다면 그런 정보를 알려 주고, 상환 계획을 잡아 주는 것이다.

지금 비상금 통장에는 얼마가 있나

자금을 분산해서 관리하는 것은 현명한 선택이다. 하지만 여기서 조금 더 각별히 신경 써야 하는 부분이 있는데, 그것은 바로 비상금(예비자금) 통장이다.

우리네 삶은 수많은 변수로 이루어져 있다. 갑자기 목돈 나갈 일이 생길 수도 있고, 이사나 갑작스러운 사고 등으로 급전이 필요할 수도 있다.

저축 금액이 일정하다면 소비 또한 일정한 것이 바람직하다. 하지만 소비는 고정적이지 않기 때문에 각별한 관리가 필요하다. 비정기적인 지출에 대비하기 위해 통장을 별도로 관리하는 것이 좋다.

비상금 통장에 넣어 두어야 하는 금액에 대해서 많은 정보들이 있지만 보통 생활비 기준 3~6배 정도의 금액이 이상적이라는 의견이 많다. 이것에 대한 근거는 보통 이직 준비 기간, 즉 소득이 없는 기간을 3~6개월로 잡기 때문이라고 한다. 이 기준에 따르면 한 달 생활비

가 200만 원일 때 600만~1,200만 원의 금액을 준비해 두어야 하는
데, 이 정도의 금액이라면 정기예금, 채권 등을 통해서 더 높은 금리
를 받을 수 있다. 비상금 통장에 넣어 둔 돈이라는 명명 때문에 언제
나 입출금이 가능한 CMA, 자유저축예금에 두는 것은 아깝다.

아래 항목 중 지금부터 1년 이내에 30만 원 이상의 지출이 예상되
는 것을 모두 골라 보자(없는 항목은 추가로 기재하라). 1년 치를 한 번
에 결제하더라도, 카드 할부를 사용해 월 결제액이 3만 원이라도, 총
30만 원이 넘으면 모두 체크해 보자. 단, 해외여행 등 구체적인 목표
를 위해 따로 저축을 하고 있다면 그 항목에 대해서는 작성하지 않아
도 된다. 그것은 이미 준비된 것이기 때문이다.

헬스장, 부모님 생신, 추석·설 명절 부모님 용돈, 타이어 교체
비용, 자동차 보험료, 자동차세, 호캉스 비용, 국내 여행, 해외
여행(여권, 비자, 국제면허증, 증명사진 비용 등), 나에게 주는 선물
(시계, 명품, 옷), 아이패드 구입, 출산용품, 화장품 세트 구입, 영
어학원 등록비, 경매학원 등록비, 스키장비 구입, 스키장 시즌
권, 카시트, 절충형 유모차, 동화전집세트, 아이 장난감……

이렇게 작성된 예상 지출 금액의 합계가 우리가 준비해야 할 비상
금이다.

예상 지출 금액 작성 예시

지출 예상일	항목	상세 내용	예상금액
2019. 9.15.	아버지 환갑 저녁식사	- 아버지 용돈 50만 원 - 식사비(한정식 1인 4만 원x6명) 24만 원	74만 원
2019.10.30	제주도 여행	- 항공료 및 숙박비 100만 원 - 체재비(식사, 놀이공원, 유람선 …) 80만 원	180만 원

비상금 통장을 통해 비정기 지출을 대비하면 내가 고정적으로 저축할 수 있는 최대치의 금액을 알 수 있다. 이것이 무너지는 가장 큰 이유는 내가 지출을 관리하지 못하기 때문이다.

'4개의 통장'을 10분 만에?

그래서 '통장 쪼개기'를 통해 지출 관리를 해 주겠다는 재무설계사들이 있다. 그러면서 그들은 우선 통장들을 4개로 나누어 관리하라고 말한다.

4개의 통장 구조는 단순하다. 통장을 4개로 나누고 각 역할에 맞추어 이름을 붙여 주면 된다. 하지만 통장을 나누는 것이 중요한 게 아니라, 이것을 통해 자신의 수입과 지출, 투자에 대한 현금 흐름을 명확하게 알 수 있다는 점이 중요하다.

통장 쪼개기의 기본 구조

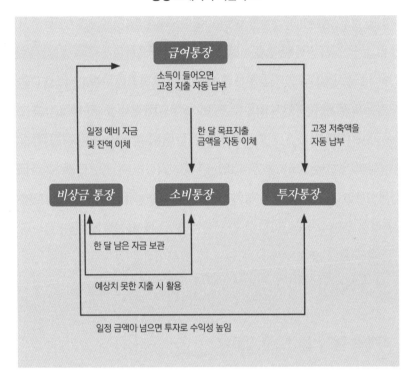

이 4개의 통장을 제대로 사용하기 위해서는 시행착오를 겪어야 한다. 급여 통장은 이율, 혜택 등을 비교하여 은행이나 CMA를 취급하는 증권사 등을 선택하여야 하고, 비상금 통장은 규모를 어떻게 해야하는지 등 '4개의 통장'을 설계하기 위해서는 많은 것들을 선택하여야 한다. 그래서 그 과정에서 오는 스트레스 때문에 많은 사람들이 중간에 포기하기도 한다.

그중에서 가장 큰 어려움을 겪는 통장이 '소비 통장'이다. '한 달 목표 지출 금액을 자동이체한다'는 말은 명확하다. 이를 위해서 신용카드도 자르고, 현금과 체크카드만을 쓰는 단계까지는 많은 사람들이 따라 할 수 있다. 하지만 현실은 한 달에 한 번 '소비 통장'에 목표 지출 금액을 이체하는 데서 끝나지 않고 '소비 통장'의 잔고가 줄어들면 수시로 채우고 있다. 게다가 이 계획을 처음 시행한 달에는 지난달 신용카드 청구금액뿐 아니라 이번 달 카드 사용금액까지 평소보다 2배의 비용이 필요하다. 즉 목표 지출 금액을 지킬 수 있는 의지와 지출 관리, 지난달 카드 청구금액에 대한 준비를 해 두지 못하면 소비 통장은 목표를 달성하지 못한 채 빈 통장이 된다.

도구를 사용하는 데 집중하지 말고, 왜 내가 그 도구를 사용하려 했는지에 집중해야 한다.

'4개의 통장' 또한 내 돈의 흐름을 내가 정확하게 파악하기 위해서다. 나의 돈의 흐름을 파악한 사람은 '4개의 통장'을 바탕으로 '7개의 통장' 또는 '2개의 통장'으로 변형하여 본인에게 적용할 수 있을 것이다.

마이너스통장 관리법

- 지출은 계획되어야 한다.
- 충동 지출이 계속되면 남는 것은 결국 빚뿐이다.
- 1년 이내에 갚을 수 없는 금액을 이미 마이너스통장에서 사용했다면, 해당 금액은 신용대출로 전환하라. 마이너스통장은 원할 때 빌리고 갚을 수 있는 편의성 때문에 신용대출보다 약 0.5%p 이율이 높다.
- 높은 금리의 투자 계획에 앞서 낮은 금리로 대출 상환 계획을 설계해 주는 재무설계사를 만나라.

4장

나에게 맞는
상품을 추천해 준다는

거짓말

가로 저축에
집착하는 그들

재무설계사는 소속 회사의 상품을 판매해야 돈을 번다. 그러다 보니 소속 회사의 매출에 이득이 되는 상품들을 고객에게 소개하기 일쑤다. 이런 와중에 설계사의 부족한 지식은 고객에게 위협적인 설계가 될 수 있다. 대표적인 경우가 '가로 저축'과 '세로 저축'이다.

대다수의 재무설계사는 보험사에 소속되어 있다. 그런데 보험사의 상품은 대부분 노후에 대비한 저축성 상품들 위주로 구성되어 있다. 그래서 재무설계사들의 상담은 장기 상품의 중요성을 강조하는 데 집중되어 있다.

저축 목적에 맞게 구분하여 저축을 진행하는 방식을 '가로 저축'이라고 한다. 즉 노후 자금, 아이 교육비, 내 집 마련 비용 등 각 목적에 맞게 방법과 기간을 구분하라는 것이다. 그에 반해 '세로 저축'은 눈앞에 있는 하나의 목표를 향해 저축을 하는 방식을 의미한다.

예를 들어 3년 후 결혼을 계획하고 있는 29세 남성 A가 현재 매달 150만 원의 저축 여력이 있다면, A에게 세로 저축은 150만 원 모두를 오로지 결혼 자금을 모으기 위해 저축하는 것이고, 가로 저축은 '결혼 준비 비용 75만 원, 비상금 20만 원, 주택자금 35만 원, 은퇴연금 20만 원' 같이 분산 저축하는 것이다.

가로 저축과 세로 저축

	가로저축	세로저축
은퇴연금	20만 원	─
주택자금	35만 원	─
비상금	20만 원	─
결혼 준비 비용	75만 원	150만 원
계	150만 원	150만 원

이렇게 저축이 이루어졌을 때 세로 저축의 목표는 계속해서 바뀌면서 수익이 적은 데 반해, 가로 저축은 지속적으로 항목별 이자가 발생하고 그 이자에 이자가 붙으면서 비과세의 혜택까지 누려 10년 후 이자가 50% 이상 차이 날 수 있다는 것이다. 심지어 20년이 지났을 때 가로 저축이 세로 저축에 비해 이자가 2배 정도 차이 난다고 말하는 재무설계사들도 있다.

이 말은 사실일까? 맞는 말일 수도 있지만, 정답은 아니다. 여기서 재무설계사가 간과한 게 있는데, 사람마다 사정이 다르다는 것이다. A가 부모님의 도움 없이 가로 저축으로 모은 2,700만 원(75만 원×60개월)만으로 결혼하는 것은 어렵다. 이처럼 가로 저축은 재무설계사의 말처럼 장기적으로 봤을 때는 많은 돈을 모을 수 있지만, 인생 중간중간 마주하게 되는 대형 이벤트들을 준비하는 데는 어려움이 있는 것이다.

A에게 필요한 결혼자금을 계산해 보자. 한 결혼 정보 업체에서 신혼부부 1,000명에게 결혼비용에 대해 물어본 결과, 약 2억 3,000만 원 정도 들었다는 의견이 많았다.

2억 3,000만 원 중 1억 6,700만 원은 주택자금이었다. 주택자금의 80%를 대출받을 수 있으니, 1억 3,000만 원을 제외하면 약 1억 원이 모자란다. 이 돈을 부부가 분담하게 되면 최소 5,000만 원의 현금이 필요하다. 이 금액은 A가 3년간 세로 저축을 해야 겨우 모을 수 있는 금액이다.

그런데 만약 A가 가로 저축을 한다면 그의 노후 자금은 연금으로서의 목적을 달성하기 전에 손해를 보고 해지할 수밖에 없을 것이다. 또는 부족한 금액만큼 신용대출 등을 통해 돈을 마련해야 할 것인데, 그 이자는 어떻게 할 것인가?

시중 금리 이상의 투자 소득을 누리는 방법은 다양하다. 하지만 이익을 누리려면 위험을 감수해야 한다.

이때 경우의 수는 매우 다양하다. 다만 원금이 보장되어야 한다는

전제하에서 저축 기간을 고려하면 다음 표와 같은 경우의 수가 도출
된다. 간단한 도식이지만, 저축 기간에 따라서 적합한 금융기관을 이
용한다는 점이 핵심이다.

저축 기간에 따른 이용 금융기관

3년 이내	3~7년	7년 이상
은행	증권사	보험사
- 비과세 종합저축 - 상호금융기관 출자금 및 예탁금 - 최고이율 상품 검색 예·적금	- 원금보장형 ELS - 장내채권 - 채권형 또는 혼합채권형 펀드 - ETF 또는 ETN	최저보증이율과 공시이율이 가장 높은 연금보험 노후에 연금으로 받을 연금에 대해 연금저축보험(중도해지, 중도인출 등을 고려해서는 안 됨)

원금이 보장돼야 하며 단기간 안에 목돈을 마련해야 한다면 이자
는 상대적으로 낮지만 원금이 보장되는 은행 상품이 좋고, 장기간 투
자가 가능하고 저축 및 투자 기간이 길면 은행보다는 높은 금리를 받
을 가능성이 있는 증권사 상품들을 검토해 보는 것도 방법이다.

보험사의 경우는 2017년 이후에 가입한 상품에 대해서는 보험료
적립금이 7년 이내에 원금을 초과해야 함을 명시해 두고 있다.

그러므로 무작정 재무설계사의 말만 듣고 가로 저축이냐, 세로 저
축이냐를 선택하는 게 아니라 나의 현재 재무상황과 목적을 제대로
분석해서 나에게 맞는 재무설계를 하도록 하자. 그리고 그 재무설계

를 함께할 수 있는 설계사인지는 내가 알아야 제대로 된 재무설계사를 알아볼 수 있다.

'최고 금리'보다 좋은 스텔스 기능에 주목하라

재무설계사들은 보통 적금을 권하지 않는다. 푼돈을 모아 봐야 푼돈이고, 만기가 있어 돈을 자유롭게 운용할 수 없다는 게 그들의 말이다. 대신에 적금보다 높은 금리를 받을 수 있는 채권형 펀드나 입출금이 자유로운 CMA에 대해 강조한다. 한편으로 보면 맞는 말이다.

하지만 한번쯤은 재무설계사의 말을 뒤집어 생각해 봐야 한다. 왜 그들은 적금보다 자신이 추천한 상품을 판매하려고 하는 걸까? 이유는 추후에 다른 상품을 자연스럽게 판매할 수 있도록 고객 등록을 하려고 하는 것이다.

적금은 예전부터 가장 안정적인 목돈 마련 수단이었다. 목돈을 만들기까지 이자는 생각보다 큰 역할을 하지 않는다. 게다가 요즈음의 이자율은 1~3%에 불과하다. 이런 현실이니 "돈이 돈을 벌게 해야 한다"라고 말하는 재무설계사들의 논리에 적금은 쉬운 사냥감이 될 수밖에 없다. 하지만 저 논리의 약점은 돈이 돈을 벌게 할 때 '돈의 규모'는 빠져 있다는 것이다.

돈이 돈을 벌 때 아무리 수익률이 높더라도 100만~200만 원의 수익은 앞으로의 투자에서 위험을 부담할 수 있는 간의 크기만 키울 뿐 나의 삶을 바꿀 만큼의 큰 수익을 가져다주지 못한다. 그리고 높은 수익이 났을 때 우리는 보통 억울해하며 '좀 더 많은 돈을 넣어 둘 걸' 하고 후회를 하기 쉽지만, 보통 높은 수익률을 지향할 때 그 수익률은 예측할 수 없다.

큰돈이 큰 수익률을 낼 수 있도록 하려고 해도, 우리는 그전에 큰돈을 모으기 위해 안정적인 수단을 찾아야 한다. 그 수단 중에 가장 안정적인 것이 적금인 것이다.

그런데 간혹 적금을 가입할 때 월급이 입금되는 통장을 해당 은행으로 등록하면, 카드를 얼마 이상 사용하면, 보험 상품을 가입하면, 잔고가 얼마 이상이면 등등의 이유를 붙여 우대금리를 준다고 하는 경우가 있다. 그런데 이 '우대 금리'라는 단어를 잘 걸러 내야 한다. 0.1~0.2%p의 이자를 더 받으려고 신용카드를 많이 쓰거나 보험 상품에 가입하는 등의 불상사가 벌어져 배보다 배꼽이 더 큰 결과를 초래하는 경우도 있기 때문이다. 나에게 부담이 안 되면서 받을 수 있는 좋은 우대금리는 자동이체 설정, 인터넷 뱅킹 정도이다.

또 오프라인 지점이 온라인 뱅킹보다 보통 이자율이 높은데, 그 차이는 0.5%p 정도로 미미하다. 1시간 동안 버스를 타고 그 지점을 방문해야 한다면 5,000원은 그다지 큰 이익이 아닐 것이다.

또 군인, 교사 같은 특수한 직업에 종사하거나 아이가 있는 경우 좀 더 높은 금리를 주는 상품들이 있는데, 이 상품들은 보통 5% 내외의 금리를 준다. 하지만 이는 특별한 경우에 해당한다.

이자에 연연하기보다 설정한 기간 동안 깨지 않고 끝까지 모으는 데 집중하는 것이 적금의 미션이다.

또한 적금으로 돈을 벌려면 귀찮아야 한다. 앞서 말했던 비정기 지출이나 돈 관리가 제대로 되지 않은 상황에서 적금에 들면 1년을 채우지 못하고 그전에 돈 쓸 일이 생긴다. 그때 인터넷으로 쉽게 해약할 수 있거나, 중도 인출을 할 수 있으면 그 적금을 깰 확률이 높다.

그런데 만약 적금을 해약하려는데 직접 은행에 방문해야 한다고 가정해 보자. 버스를 타고 1시간 걸려 은행에 가서 해약할 것인가? 게다가 가입 기간을 다 채우지 못했기 때문에 이자도 3.0%가 아닌 0.5%를 받게 된다. '원금은 손해 보는 건 아니니까'라는 안일한 생각으로 자기 위로를 반복하다 보면 목돈은 마련할 수 없다.

일명 '스텔스 통장'(은행별로 이름이 다르다. 보안계좌서비스[신한은행], 계좌 안심서비스[기업은행], 세이프 어카운트[KEB하나은행] 등)은 인터넷 뱅킹으로도 조회가 되지 않는다. 그래서 처음에는 비자금을 관리하는 목적으로 많이 사용되었지만 요즈음은 '귀찮음'을 활용하기 위해서 만드는 경우가 많다.

적금에 스텔스 기능을 넣어 버리면 계좌 조회를 하려고 해도, 해약 시에도 은행에 직접 가야 한다. 이러한 귀찮음과 번거로움이 쌓이면 드디어 목돈이 모이는 것이다. 절차는 어렵지 않은데, 시중 은행에 가서 계좌가 조회되지 않도록 해 달라는 요청과 간단한 본인 확인 절차를 거치면 스텔스 통장을 만들 수 있다.

인간의 의지라는 것이 알고 보면 사실 그리 강하지 않다. 그렇기에 일이 생기면 중간에 저축을 해약하기도 하고, 또 그렇기에 조금 번거로운 절차를 설정해 두면 해약하려던 저축을 해약하지 않게 되는 경우도 많다. 나의 의지만을 믿지 말고 조금의 '귀찮음'을 준비하자.

TIP

저축 방법 선택하기
- 자신이 현재 처한 경제적 상황에 따라 가로 저축과 세로 저축을 결정한다. 무조건 가로 저축이 옳은 선택은 아니다.
- 본인의 원금을 지키면서 이자 및 투자 수익을 얻고자 한다면 투자 기간에 따라 적합한 금융 상품을 선택해야 한다.

금리 확인이 가능한 사이트
- 모네타(http://www.moneta.co.kr)
- 은행연합회 소비자포탈(https://portal.kfb.or.kr)
- 뱅크샐러드(PC)(https://banksalad.com)

10% 수익
보장해 드립니다?

주식을 잘 모르는 사람들도 차트가 '우상향'으로 올라가는 걸 보면 시장 상황이 좋다는 것을 쉽게 알 수 있다.

2017년 당시 코스피 지수는 2,026으로 시작해서 2,467로 마무리 되었다. 약 21%의 성장이었다. 이때 인덱스펀드(주가지수의 흐름을 따라 운용하는 펀드)에 투자했다면 28.26%의 수익률을 거둘 수 있었다. 이는 2017년 1월 1일에 3,500만 원을 넣어 두었다면 989만 원을 수익을 거둬 그해 말에 4,489만 원을 가져갈 수 있었음을 의미한나.

그런데 이렇게 시장이 좋은 이 상황을 이용하여 재무설계사들은 그때 당시 SNS에 자신의 수익률을 게시하기 시작했다. '오늘도 고객님께 10%의 수익을 드렸다' '나와 함께하면 여러분도 Winner(위너)'와 같은 뉘앙스의 글들이 대부분이었다. 그런데 요즈음에는 수익률 인증 SNS가 전혀 보이지 않는다.

증시가 호황일 때 수익률을 내는 것은 쉬운 일이지만, 지금과 같이 증시가 좋지 않을 때는 그렇지 않다. 그렇다면 이미 나에게 자산을 투자한 사람을 위해 현재 고객의 자산 상태와 그것을 지키는 방법에 대해 안내해야 하는데 대부분의 재무설계사들은 그렇게 하지 않는다.

수익률에 속아서는 안 된다. 수익률을 바탕으로 재무설계사들은 주로 변액보험을 제안하는데, 그 보험 안에는 사업비가 포함되어 있다. 그 사업비를 제외한 금액이 나를 위해 운용되는 것이다.

사업비에는 계약 체결 및 관리 비용이 포함되어 있는데, 체결 비용은 5.58~6.91%(7년 이내), 관리 비용은 4.16~9%(납입 기간 내) 정도가 들어간다. 그러므로 변핵보험의 경우 대략 10%의 비용은 적립되지 않은 상태에서 운용되기 때문에 10%의 이익을 낸다고 하더라도 실질적으로는 이득이 없는 것이다.

[예시]

(원금 100만 원-사업비 10만 원) × (1 + 수익률 10%) = 99만 원

펀드, 변액보험과 같은 상품은 결국 내가 매매하여 돈을 손에 쥐었을 때 수익이 된다. 매순간 바뀌는 수익률에 따라 일희일비할 수 없는 상품 구조인 것이다. 그런데 재무설계사라는 사람이 자신의 능력이 아닌 그저 시장 상황에 따라 생긴(어쩌면 운에 따라 생긴) 수익률은 과대포장하고 적립률은 숨긴다면 내 돈은 어떻게 되는 것일까?

사모펀드· P2P의 허와 실

그래서 누구나 안전하고 고수익을 보장하는 상품을 꿈꾸지만 현실은 그렇지 않다. '배당수익률 6% 글로벌 배당주 ETF에 투자 하세요'라는 구미 당기는 기사에 가슴이 뛰지만, 조금만 들여다보면 계획대로 되지 않을 가능성이 크다는 것을 확인할 수 있다.

높은 수익은 쉽게 거둘 수 있는 것이 아니다. 그때 신뢰할 수 있는 재무설계사가 나타나서 원금은 확실히 보장되고 아래와 같이 높은 수익률이 예상되는 상품이 있다고 하면 우리는 흔들릴 수밖에 없을 것이다.

"5,000만 원을 2년 동안 사모펀드에 투자하면 매달 8%의 이자가 지급되고, 원금에 대해서는 상장 시 차익이 예상된다."

거듭 말하지만 세상에 공짜는 없다. 그리고 높은 수익률과 원금까지 완벽하게 보장되는 상품이 만들어졌다면 고액자산가들과 기업들이 이미 투자를 끝마친 상황일 것이다.

모집자 입장에서도 수익이 확실한 상품이라면 수백 명 이상의 인원에게서 돈을 모으기보다 100명 이하의 인원에게서 돈을 모으는 것이 효율적일 것이다. 게다가 이 소수는 앞으로도 내가 판매하는 상품을 확실히 구매해 줄 수 있는 사람들이다. 그래서 은행의 프라이빗 뱅커나 증권사의 자산관리사들도 모집 금액이 정해지고 수익이 높은 상품은 고액자산가와 VIP한테 먼저 제안한다.

그런데 그런 제안이 나에게 왔다면? 의심하라. 무조건 의심하라. 물론 앞서 나의 재정적 목표와 지출을 통제해 주고, 여유 자금까지 알고 있는 재무설계사가 확실한 상품이라고 말한다면 고맙다고 말하며 적극적으로 투자를 고려해도 좋다. 하지만 명심하라.

그들은 판매 시 판매 수수료를 받고, 수익이 발생한다면 추가적으로 수수료를 받을 뿐 손실은 공유하지 않는다는 것을. 그래서 상품 판매 후 시간이 지나 손해가 발생했을 때 그들은 모르쇠 전략으로 들어가기 마련이다. 결국 상품을 제대로 검토하지 않은 것으로 인한 피해는 바로 나 자신에게 온다.

인터넷 검색창에 재무설계사, 사모펀드를 검색해 보면 아래와 같은 메시지들이 검색된다.

"이자가 지급되지 않아 연락을 해 봤는데 연락이 안 돼요."
"투자설명서를 읽어 보니 원금은 무조건 2년 후에 지급된다고 하는데 안전할까요?"
"사모펀드 투자원금을 돌려받고 싶은데, 투자자 교체가 되지 않아 원금 상환이 어렵다는 이야기만 해요."

상품의 위험성뿐만 아니라, 재무설계사에게 사기를 당할 위험도 있으니, 반드시 다음의 유의사항을 참조하여 사모펀드 투자를 고려하기 바란다.

사모펀드 투자 시 유의 사항

- '원금 보장'은 펀드 상품에서 가능할 수 없음을 명심한다.
- 투자금액 유치 계좌를 확인한다(개인계좌가 아닌 조합계좌로 받아야 한다).
- 사모펀드 투자 시 자산운용회사와 판매회사가 제도권 금융회사인지를 확인한다[금융소비자정보포털(http://fine.fss.or.kr/)의 '제도권금융회사조회' 메뉴에서 확인 가능].
- 투자 전략 및 주된 투자 대상을 확인한다.
- 펀드매니저의 경력 및 과거 운용성과를 확인한다.
- 환매 제한 여부에 대해 반드시 사전에 확인한다.
- 전문투자자용 상품으로 투자자 보호 규제가 상대적으로 약하므로 유의해야 한다.

돌려 막기

이 단어가 무섭게 들리기 시작한 것은 개인금융 거래에서 카드 사용이 급증하면서부터이지 않을까 한다.

곗돈 사기 사건과 관련한 사례들을 살펴보면 초기에는 항상 시중보다 높은 이자가 꼬박꼬박 들어온다고 한다. 거기에서 신뢰가 쌓이면 가족이나 주변 지인들을 소개해 주어 그 원금의 규모가 점점 불어나게 된다. 그러면 사기꾼들은 그 원금을 이자로 지급하고, 들어온 원금들을 유용하기 시작한다. 그러다 더 이상 원금이 늘어나지 않는 시기가 오면 도망가는 것이다.

최근 P2P 투자와 함께 따라다니는 단어가 '먹튀' '사기' '도망'이다. P2P는 Peer to Peer의 줄임말로 쉽게 설명하자면 개인과 개인 간의 금융거래를 중개하는 행위 또는 연결기관을 말한다.

P2P 업체들은 신용대출이 필요한 우량 고객들을 선별하는 능력을 갖추었다고 선전하며 고객들을 모집한다. 최근에는 신용대출이 아닌 부동산, 자동차, 금괴에 이르기까지 많은 상품을 담보로 하는 상품까지 생겨나고 있다. 대출자는 제3금융권보다 낮은 이율로 돈을 빌릴 수 있어 좋고, 투자자는 시중 금리보다 높은 금리를 받을 수 있어 좋다. 하지만 여기에는 투자자에 대한 안전장치가 아주 미약하다. 그렇기 때문에 P2P 업체들(펀듀, 헤라펀딩, 폴라리스펀딩 등)의 사기가 발생하는 것이다.

그들은 가입과 동시에 투자할 수 있는 금액(1만 원)이나 해외여행권 등 과도한 경품을 제공하며 고객을 유치한다. 게다가 초기에는 제대로 돈을 상환한다. 하지만 결국은 추가 현금 유입이 더뎌지는 순간 연체가 발생하고, 기존 고객에게 이자를 제공하기 위해 무리한 홍보를 진행하며 미끼 상품들을 내놓는다. 온라인 영업만으로 안 되는 경우에는 재무설계사에게 높은 선취수수료를 제공하며 재무설계사를 통한 오프라인 영업까지 확대하는 모양새를 취한다. 상품 자체의 매력이 아닌 돌려막기는 그 끝이 좋을 수 없다.

P2P 펀드 투자 시 유의 사항

- '사모펀드 투자 시 유의 사항'을 참고한다.
- 금감원 파인 홈페이지(http://fine.fss.or.kr)에서 등록대부업체 여부를 반드시 확인한다(P2P 대출업체는 금융위에 등록하게 되어 있다).
- 인터넷 카페(피자모, 크사모, P2P연구소 등)를 통해 P2P업체 정보를 파악할 필요가 있다.
- 제시하는 금리가 높을수록 고금리 상품이므로 유의해야 한다.
- 분산투자를 통해 위험성을 분산해야 한다.

매년 전문가들이 내놓는 증시 전망은 각기 다르다. 그 해가 지난 후 되돌아보면 다수보다는 오히려 소수의 의견이 맞는 경우도 있다. 투자에서 무조건적인 참은 없다.

재무설계는 내가 목표로 하는 경제적인 삶을 위해서 멀리 보는 작업이다. 눈앞에 증시가, P2P가, 비트코인이 성장한다고 해서 비전문가의 혀 놀림에 넘어간다면 재무설계는 망가질 수밖에 없다.

높은 수익에는 높은 위험이 따르는 법! 그 위험과 책임은 투자를 권유한 재무설계사가 아닌 고객인 나에게 온다. 아직 우리 세상은 뺨을 때린 사람에게 책임을 묻지 않고, '왜 뺨을 맞았는지?' 피해자에게 물어보는 세상임을 명심해야 한다.

그러니 '수익률 10%를 보장해 드립니다'라는 재무설계사의 말을 믿지 마라. 그들의 단기 투자 실적도 믿어서는 안 된다. 그들의 투자 철학이 무엇인지. 그리고 앞으로 나의 자산을 계속 지켜 줄 수 있는 사람인지에 대해서 신중히 판단하고 나의 돈을 투자해야 한다.

종잣돈 × 금융지식 × 운 × 행동

이 4가지가 모두 이루어졌을 때 나의 돈은 '복리'와 같이 상승할 수 있다. 어느 것 하나 빠지면 부(富)는 만들어질 수도 유지될 수도 없다. 로또 번호를 알고 과거로 돌아간다 하더라도, 그 당첨금을 지킬 수 있는 금융지식이 없으면 그 돈은 금방 사라져 버릴 수도 있다.

앞서도 얘기했지만, 돈을 불리는 과정, 즉 종잣돈을 만드는 과정에서는 이자율에 집착하기보다 목표 금액에 집중해야 한다. 종잣돈은 본인이 어떠한 투자를 생각하느냐에 따라서 1,000만 원에서 1억 원까지 설정할 수 있다. 가령 3억 원의 아파트에 갭 투자를 하기 위해 전세가율이 85%라고 가정하면 4,500만 원의 종잣돈이 필요하다. 이 종잣돈을 어떻게 모을 것인가?

종잣돈 모으기

목표 설정	목표 종잣돈 금액	원
	투자 분야	
종잣돈 모으는 방법	월 납입금액	원
	납입 기간	개월 / 년
	이율	%
	적립 금융기관	
	만기 후 상품 운용 방법	

금융지식은 나의 종잣돈을 굴려 줄 동력이다. 금융의 영역은 다양하므로 본인의 투자 성향과 맞는 수단을 찾아야 한다. 그러기 위해서 내적으로는 본인의 투자 성향 등을 분석하고, 외적으로는 금융 환경에 대한 분석을 진행해야 한다.

그러기 위한 첫 단계로 매일 경제 기사 읽기를 추천한다. 현재의 금융 트렌드를 알아야 더 깊은 공부를 하는 것이 가능하기 때문이다. 그 다음으로는 재테크 카페에서 진행하는 오프라인 스터디에 참여하거나 인터넷 카페를 통해 온라인으로 정보 교류를 했으면 한다. 유튜브 등에서는 자신의 실전 투자 경험을 공유해 주기도 하기 때문에 그것을 봐도 좋다. 책이나 신문 읽기를 통해 투자 정보와 지식을 얻는 것에 재미를 느끼지 못한다면 인터넷 카페나 유튜브 동영상 등을 잘 활용하기 바란다.

각 영역의 전문가들은 본인이 투자하는 영역을 '저위험 고수익' 상품이라고 한다. 우리가 위험하다고 생각하는 부동산, 주식 등도 금융 지식을 쌓으면 위험을 낮출 수 있다는 것이다. 여러분의 종잣돈을 저위험 고수익으로 이끌고 나가기 위해서는 금융 지식을 쌓아야 한다.

나의 투자 분야 찾아가기

본인이 관심을 가지고 있는 투자의 영역은 무엇인가? - 부동산: 청약, 갭투자, 경매, 분양권, 수익형 부동산 /   리츠, 부동산P2P소액투자 - 주식·펀드: 국내, 해외주식, 채권, 펀드, 사모펀드, 장외주식 - 은행: 적금, 예금, IRP - 보험: 변액유니버셜보험, 연금보험 - P2P, 크라우드 펀딩 등
해당 분야에서 유명한 인터넷 카페나 오프라인 모임에는 어떤 것들이 있는가? (추천 온라인 카페나 오프라인 모임)
부동산 경매나 주식, 펀드, 퀀트 투자 등 내가 참여할 수 있는 온·오프라인 교육에는 어떤 것들이 있는가? (추천 교육 과정)
처음 참여할 오프라인 모임은 무엇이며, 그 모임의 교육 일시는 언제인가?
해당 분야의 도서 중 바이블이라 불리는 책에는 어떤 책들이 있는가? (독서는 쉽고 재미있게 시작해야 한다. 처음부터 실전 기술과 같은 어려운 책은 시야를 좁게 하고 따라가기도 쉽지 않다. 청소년들도 이해하기 쉽게 되어 있는 책부터 읽기 시작해, 피터 린치나 벤자민 그레이엄과 같은 거장의 책으로 진전시키면서 읽는 것을 추천한다)

운이란 함은 보통 본인이 결정할 수 없는 것이라 생각하는 경향이 있다. 하지만 투자 운은 사람들을 많이 만나고 공부하는 사람에게 다가온다.

지금 이 책을 읽다가 아파트 청약을 알아봐야겠다는 생각이 들어 인터넷을 검색했더니 내가 사는 집 바로 옆에 있는 ○○지구에서 현재 분양이 진행되고 있다는 사실을 알게 된다면 그것도 운이 나에게 다가온 것이라 할 수 있지 않을까? 그리고 운이 다가온다 하더라도 준비가 되어 있지 않으면 잡을 수 없다. 나에게 다가올 운을 위해서 종잣돈을 모으면서 금융 지식을 열심히 쌓아야 한다.

이 책을 읽고 있는 것만으로도 여러분은 행동으로 옮긴 것이다. 재무설계사 또는 각 분야의 전문가를 만나기 전 다양한 루트를 통해 최소한의 지식을 쌓고 그들을 만나야 나에게 이익이 돌아올 것이다.

TIP ///////

상품 투자 시 유의 사항
- 1년의 수익률은 상황에 따른 우연일 수 있다. 최소 5년 이상의 투자 내용 및 관리 상태를 검토하라.
- 적립금과 적립률이 진짜 나의 돈을 나타내는 기준이다. 수익률에 현혹되지 마라.

이제 모으고
불려 보자

앞서 돈을 모으는 이유와 목표를 설정했고, 그다음으로 자신의 현재 지출이 어떻게 이루어지는지도 알았다.

이제부터는 돈을 모으고 불리기를 시작할 때다. 그런데 여기서 명심해야 할 것은 돈을 모아야 할 때와 불릴 때를 분리해서 생각해야 한다는 것이다.

예를 들어 300만 원을 펀드에 투자했는데 수익률이 10%, 즉 30만 원의 수익이 발생했다고 하자. 그러면 요즈음 같이 저금리 시대에 그 수익은 대체로 하이 리스크 하이 리턴(High Risk High Return) 방식의 투자 수익일 가능성이 높다. 그 말은 반대로 10%, 20%의 손실을 볼 수도 있다는 뜻이다. 즉 300만 원의 원금이 270만 원이나 240만 원으로 줄어들 수도 있다는 말이다.

문제는 30만 원의 수익은 나를 기분 좋게 만드는 것에서 끝나는 데 반해, 30만 원의 손해는 돈을 모으는 의지를 꺾을 수 있다는 점에서 위험이 크다. 그 30만 원은 택시 안 타고, 사고 싶은 물건도 구입하지 않는 등 최대한 아끼면서 모은 돈이다. 그런데 그 돈이 투자 손실로 한순간에 허공으로 날아간다면 그 충격은 이루 말할 수 없을 것이다.

따라서 종잣돈을 모아야 하는 기간에는 '투자'한다는 명목으로 높은 위험이 예상되는 상품에 투자하는 것을 지양해야 한다. 그때에는 원금을 잃지 않고 목표 금액에 도달하는 것에 집중해야 한다. 그리고 그 기간 동안 '응축'의 시간을 가져야 한다. 그리고 그때는 다음의 3가지 공부를 해야 한다.

① 종잣돈으로 이루고 싶은 수익 실현 방법을 결정하고, 어떻게 하면 더 안전하고 높은 수익을 가질 수 있을까를 공부해야 한다.
② 새는 돈을 막는 세테크와 연말정산에 대해서 정확히 공부해야 한다. 직장인들은 매년 1월에 벼락치기 식으로 연말정산을 해왔기 때문에 제대로 공부했다고 할 수 없다.
③ 대출을 제대로 사용하는 방법을 공부해야 한다. 물론 무작정 대출을 받는 것은 좋은 것이 아니다. 그렇다고 대출의 공포 때문에 그것으로 인해 생기는 이익까지 눈감고 피해서는 안 된다. 서민 부자들은 모두 대출과 친구이다.

재무목표 흐름표 중 3, 4단계

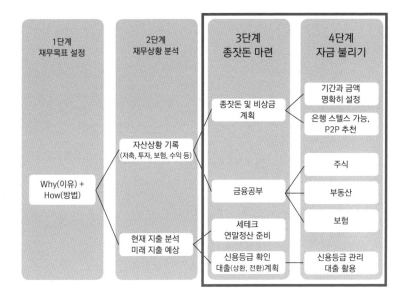

세상에 공짜 점심은 없다

100% 급등할 세력매집주 무료 추천

예상수익률 40% 외인·기관 대량 매수세 포착

[○○개발] 5연상! 5월에 이런 대박 수익 원하시면 "0" 답장

오늘도 어김없이 대리기사 문자와 나를 부자로 만들어 주겠다는 주식 추천 문자가 내 핸드폰에 떴다. 필자의 번호를 바꾸지 않는 한 문자는 계속 올 것이다.

어느 날 우연히 SNS에 있는 무료 주식 추천 사이트를 보게 되었는데, 책 욕심이 있는 필자에게 주식과 재무설계와 관련한 e북을 무료로 준다는 유혹을 그냥 지나치지 못했다. 그래서 그들이 입력하라는 정보를 넣고 나니 난 매일 새로운 번호로 10개의 문자를 받는 사람이 되어 버렸다. 심지어 제공하겠다고 한 그 책은 끝내 오지 않았다.

도대체 왜 그들은 이 정보를 공짜로 주겠다는 것일까? 그리고 확실한 정보라면 본인들이 사서 수익을 내면 되는 것이 아닐까?

5연상이 날 것이 분명하다고 가정해 보자. 5연상이란, 하루에 최대로 오를 수 있는 주가 상승을 5번 연속해서 기록했다는 뜻이다. 코스피와 코스닥에서 최대한 오르고 내릴 수 있는 한도는 ±30%이다.

그럼 그 결과는 3.71293(1.3×1.3×1.3×1.3×1.3)으로 만약 1,000만 원을 가지고 투자를 시작했다면 3,700만 원이 되고, 주식 신용대출을 받아 1,000만 원을 추가로 투자한다면 약 7,400만 원이 될 것이다. 이렇게 확실한 정보라면 주변에 알리기보다 자신의 투자에만 집중해도 될 텐데 그들은 공짜를 정보로 주겠다며 계속 유혹하는 것이다.

답은 그들의 '확실한 수입'에 있다. 우리에게 확실한 수익을 주겠다는 그들이 추구하는 것은 자신들의 확실한 수입이다. 확실한 수익은 존재하지 않고, 설령 존재한다고 하더라도 단기간에 수익을 안겨 주는 것은 쉬운 일이 아니다. 결국 타인의 수익은 불확실에 투자하게 하고, 본인의 수입은 확실하게 가져가는 것이다.

그들의 방식은 단순하다. 무료 주식 추천, 무료 주식 교육, 무료 재테크 등으로 낚시성 글들을 SNS에 뿌리고, 물고 들어온 사람들에게 시쳇말로 떡밥을 준다. "○○○주식 6,230원에서 매수하고 매매 신호가 올 때까지 기다려라." 그리고 그 주식이 수익을 내면 자신들의 예상을 자랑하면서 일대일 상담에 들어올 것을 권한다. 이때 그 떡밥이 손해를 주면 어떻게 할 것인가? 간단하다. 기존의 SNS 단체방을 없애고 다른 단체방을 만들면 된다. 또는 여러 개의 단체방을 동시에 운영하면 된다.

이렇게 무료 주식 추천으로 주식 투자에 관심을 갖게 되는 사람이 있다면 난 그들이 제발 돈을 '조금' 손해 보았으면 좋겠다. 요행은 요행으로 끝날 뿐이다. 매수 신호에 산 주식이 무엇을 하는 회사인지, 왜 그 회사를 사라고 했는지 이유도 모른 채 샀다가 수익이 나면 나는 무엇을 한 것일까? 그리고 운 좋게 그렇게 여러 번 수익이 나면 일대일 유료 상담을 결제하게 되지 않을까? 그 유료 상담이 이익이든 손실이든 끝이 나면 나에게 남는 것은 무엇일까? 깊이 생각하지 않고 그저 기계처럼 신호에 따라 매매를 하고 난 후에 내게 남는 것은 없을 것이다. 요행은 요행으로 빨리 끝내고, 나의 실력을 늘리는 방법에 관심을 가져야 한다.

물고기를 잡아 주는 사람이 아니라 물고기를 잡는 방법을 알려 주는 사람과 함께해야 한다. 물고기를 잡아 주는 사람은 언젠가 떠난다. 그 사람이 떠나고 난 후를 생각해야 한다.

물고기 잡는 방법은 굉장히 많이 존재한다. 가장 확실한 방법은 내 돈을 투자하는 것이다. '워런 버핏과의 점심식사'가 가치가 있는 이유를 생각해 보자. 그 점심식사의 돈보다 높은 가치를 신청자가 가져가기 때문이다.

10%의 수익을 원금 손실 없이 100% 보장해 주는 상품은 없다. 하지만 위험도를 낮추면서 보다 높은 수익을 실현하는 방법은 많다.

유료 강의, 온라인 강의, 책, 상담 등을 신청하자. 나의 자세가 달라질 것이다.

그리고 소액을 우선 내가 좋아하는 상품에 투자하자. 투자 철학은 한 번에 만들어질 수 없다. 사업보고서, 애널리스트(투자분석가)의 분석 자료, 경제신문, 환율, 심리학 도서, 기술적 분석 등 접근할 수 있는 방법은 많다. 하지만 결국 한 번에 성공할 수는 없다. 배우고 투자하고 실패하고 다시 배우고 성공하고 실패하면서 나의 최종 목적지에 가는 방법을 배워야 한다.

또한 퀀트투자, 팩터투자 등 트렌드를 반영하는 투자 방법들이 많이 소개된다. 참고는 하되 본인의 기준을 세워야 한다. 그러기에는 '고전'이 가장 좋다. 워런 버핏, 벤저민 그레이엄과 같은 투자 구루(guru·권위자)라 불리는 사람들의 책일 것이다. 하지만 책을 읽다가 재미가 없어 방 한구석에 방치해 둔다면 '1장 집합' 부분만 까매진 『수학의 정석』과 같은 책이 되고 말 것이다. 서점에 가서 우선 재미있게 읽을 수 있는 책부터 찾아보기 바란다.

TIP

반드시 알아야 할 투자 용어

퀀트투자 자본수익률(ROC), 저주가수익비율(PER) 등 계량화할 수 있는 수치들을 수학적, 통계적 기법을 통해서 종목을 발굴하고 투자하는 방식이다. 4차 산업혁명으로 인해 각광받고 있는 '빅데이터 분석'과 연결된다.

팩터투자 퀀트투자의 일종이다. 투자에 성공할 수 있는 팩터를 정의하고 그 기준에 맞춰 매매를 하는 원칙을 갖는다. 시장에서 가장 널리 활용되고 있는 5가지 팩터는 Value(가치), Momentum(모멘텀), Quality(퀄리티), Volatility(변동성), Size(규모)이다.

5장

나에게 맞는
연금을 추천해 준다는
거짓말

욜로보다
파이어!

욜로 족(YOLO, You Only Live Once, '인생은 한 번뿐이다'의 약어)에 이어 최근에는 파이어 족 흐름이 일어나고 있다.

파이어 족(FIRE, Finance Independence, Retire Early)은 경제적 독립을 빨리 이루어 빠른 은퇴를 하고자 하는 사람들이다. 1990년대부터 미국에서 처음으로 등장한 이후 밀레니엄 세대 사이에서 열풍이 불고 있다. 여기에서 빠른 은퇴는 50대가 아닌 30~40대를 의미한다.

60대에 은퇴한다고 가정하고 돈을 모아도 어려운데 그들은 어떻게 이렇게 빠른 은퇴를 할 수 있다고 생각하는 것일까? 그것을 가능하게 하는 것은 생활비와 저축액의 상관관계 그리고 향후 자산관리 방법이다.

파이어족의 기본 개념

생활비를 아껴 쓰면 저축액이 늘어난다.	월 생활비를 200만 원에서 50만 원으로 줄이면 매달 150만 원을 더 저축할 수 있다.
생활비를 아껴 쓰면 은퇴 후 필요한 금액이 줄어든다.	모아 둔 2억 원을 년 5,000만 원씩 쓴다면 4년이지만, 2,000만 원씩 쓴다면 10년이다.
저축액은 늘고 사용 금액은 적어지므로, 저축 기간은 급속히 줄어든다.	

돈을 버는 데서 오는 스트레스에서 벗어나 본인들이 원하는 삶을 살기 위해 현재의 삶을 희생하는 것이다. 단 그들의 절약은 좀 극단적인데, 한 달 식비를 8만 원으로 줄여서 신선한 채소를 먹지 못하거나 추운 겨울날에도 난방을 하지 않는 등의 방법을 사용한다.

파이어 족의 이런 극단적인 절약을 따라 하는 것을 추천하지는 않는다. 그럼에도 파이어 족들의 절약 정신은 배워야 한다고 생각한다.

앞서 말한 것과 같이 돈을 절약해서 120만 원 모으는 것이 1,000만 원 투자하여 10%의 수익률을 얻는 것보다 쉬운 일이기 때문이다. 따라서 지출을 분석해서 불필요한 지출들은 철저히 통제해야 한다.

파이어 족이 이렇게 하는 이유는 본인에게 필요한 은퇴 금액을 명확히 알고 있기 때문이다. 목표가 명확해야 저축액과 저축 기간을 정할 수 있다. 그것은 미국의 재무설계사 윌리엄 벤젠이 주창한 '4% 룰'이다. 4% 룰은 본인이 보유하고 있는 자산에서 4% 수익이 난다고 가정할 때, 그 금액이 본인의 1년 생활비를 충당할 수 있다면 안정적인 노후를 보낼 수 있다는 것이다. 4%보다 높은 수익률이라면 더 적은 자산으로도 1년 생활비를 충당할 수 있겠지만 4%보다 높은 수익률을 지속적으로 성사시키는 일은 어려운 일이다. 2019년의 예금 이율은 대부분 2%대이다.

4% 룰(경제적 준비가 완료된 은퇴를 하게 하는 공식)

수익을 낼 수 있는 금융자산 × 4% ≥ 1년 생활비
수익을 낼 수 있는 금융자산 ≥ 1년 생활비 × 25

※ 수익을 낼 수 있는 금융자산으로 '부동산'을 예로 들어 보자. 부동산을 통해 월세 수입 또는 '주택연금'을 받을 수 있다면 이것은 수익을 낼 수 있는 금융자산일 것이다. 단, 소유하고 생활하고 있으며 '주택연금'을 받을 수 없는 연령대라면 이 자산은 애매모호해진다. 게다가 지역 특성상 시세 차익보다는 오히려 보수비가 많이 든다면 이것은 수익을 내는 것이 아니라 지속적으로 손해를 입히는 자산이 될 것이다.

하지만 2%의 수익률이 난다고 가정하면 은퇴 시기는 4% 수이률에 비해 훨씬 뒤로 갈 수 밖에 없을 것이다. 이것은 '경제적 독립을 이루 은퇴를 빠르게 한다'는 파이어 족의 모토와는 어울리지 않는다. 그래서 그들은 절약을 통해 돈을 모으는 방법과 4% 수준의 수익률을 올릴 수 있는 금융 공부를 함께한다. 지속적으로 높은 수익률을 낸다는 것은 하이 리스크(High Risk), 즉 높은 위험을 감수하겠다는 뜻이기 때문에 그들의 경제적 독립을 파괴할 수도 있다는 뜻이다. 그러므로 4% 수익률을 담보하기 위한 그들의 금융 공부는 필수이며 생존인 것이다.

또한, 4% 룰의 다른 효과가 있다. 그것은 구체적 목표를 제시한다는 것이다. 나의 1년 생활비가 5,000만원이라면 12억 5,000만 원이라는 구체적인 목표가 이루어진다(5,000만 원×25). 이 목표 금액은 재무설계사가 "당신에게는 이 정도 금액이 필요합니다"라는 말과는 달리 나의 마음을 움직이고 나를 행동으로 옮기게 할 것이다.

연금을 준비할 때는 목표, 절약, 공부 3가지를 명심해야 한다. 재테크 공부를 하다 보면 파이어 족이 말하는 4% 룰 이외에도 여러 가지 다양한 흥미로운 공식들을 발견할 수 있을 것이다. 자신에게 맞는 것을 정해 명확한 목표를 잡고 절약을 통해 본인의 자산을 꾸준히 불릴 수 있는 지식을 쌓기를 바란다.

TIP

4% 룰 적용하기

■ **4% 룰에 따라 본인의 은퇴자산을 계산해 보자.**

- 1년 생활비는 얼마인가?
- 계산된 생활비×25배 = 필요 은퇴자산
- 현재 월 저축액은 얼마인가?
- 몇 년을 더 모아야 은퇴할 수 있는가?

■ **절약과 관련된 인터넷 카페**

- 월급쟁이 재테크 연구카페(https://cafe.naver.com/onepieceholicplus)
- 짠돌이카페 짠돌이부자되기(https://cafe.naver.com/engmstudy)

세테크 때문에
연금에 가입하라고?

　1~12월 중 아무 때나 돈을 넣어서 400만 원을 채우면 66만 원을 이자로 주는 상품이 있다. 예금 이율이 무려 16.5%에 달한다. 3%대의 예금 상품도 찾기 어려운 요즈음 16.5%라는 숫자는 자극적이다. 실제로 이 상품은 연금저축보험·연금신탁·연금펀드라는 이름으로 존재한다. 정확히 말하면 이자를 주는 것이 아니라 해당 상품에 적립한 400만 원의 16.5%에 대해서 세금을 감면해 주는 것이다(연소득 5,500만 원 넘는 사람은 13.2%).

　게다가 2015년부터는 개인퇴직연금 300만 원에 대해서도 추가로 세금 감면 혜택을 주고 있다. 그래서 연금저축 금융상품에 400만 원을 넣고 개인퇴직연금에 300만 원을 넣어 전체 700만 원이 되면 최대 115만 5,000원의 세금을 내지 않아도 된다.

연소득에 따른 연금저축 세액공제

연소득	세액공제율	절세 금액
5,500만 원 이하	16.5%	115만 5,000원
5,500만 원 초과	13.2%	92만 4,000원

'16.5%의 세액공제, 115만 원 절세'는 매력적이기 때문에 금융회사들은 연말이 되면 해당 상품들을 연일 광고한다. 하지만 모든 상품에는 명과 암이 존재한다. 어두운 부분은 무엇일까?

재무설계사가 고객을 위해 꼭 해야 하는 일이 있다면 그것은 고객의 눈높이에서 상품에 대해 쉽게 설명해 주는 것이다. 그래서 어떤 재무설계사는 연금저축보험 상품에 대해 설명할 때 '절세가 돼요'라는 말 대신 '돈을 번다고 생각하심 돼요'라고 말하기도 한다. 하지만 이것은 쉽게 말하는 것이 아니라 자극하는 것이다. "여기에 400만 원을 넣으면 고객님이 66만 원을 벌 수 있어요"라고 말하면 고객은 흔들릴 수밖에 없기 때문이다.

재무설계사의 말을 좀 더 풀어 보자면 다음과 같다.

"고객님, 1년에 400만 원을 연금저축보험에 넣으면 고객님의 소득 구간에 따라서 최대 66만 원의 세금이 줄어듭니다. 이 말의 의미는 국가가 고객님에게 66만 원의 세금을 감면해 준다는 뜻입니다. (하지만 여기에는 위험이 있습니다. 고객님이 55세 이후에 연금으로 이 금액을 수령하지 않거나, 그 전에 해지할 경우에는 절세한 금액뿐 아니라 추가로 2.2%

의 가산세를 부담할 수 있습니다.)"

앞말만 들었을 때는 호기심을 보이지만, 괄호 안의 말까지 들었을 경우 대체 몇 명의 고객이 연금저축보험에 관심을 가질까?

여기에 한 가지 더 폭탄을 던져 보자.

"고객님, 보험의 경우에는 일부 보장이 들어가 있고 저와 같은 판매자의 수수료가 포함되는 사업비가 있습니다. 그래서 원금이 되는 데 7년이 걸립니다. 혹 변액이라는 펀드로 운영되는 상품의 경우에는 수익이 좋으면 3년 만에도 원금에 도달할 수 있지만, 수익이 나쁠 경우 10년의 기간이 걸릴 수도 있습니다."

이 말까지 들으면 대부분의 고객은 등을 돌리게 된다.

'연금저축보험' 누구에게나 좋은 상품은 아니다

연금저축보험에 세액공제 혜택을 주는 이유는 무엇일까? 게다가 공제율도 무려 최대 16.5%. 연일 이어지는 국민연금 뉴스에서 그 이유를 찾을 수 있다.

국가는 노인이 두렵다. 더 정확히는 돈이 없는 노인을 두려워한다. 노인이라고 해서 '인간다운 삶'을 살 수 있는 권리에서 멀어지지 않는다. 그들에게 의료서비스를 제공하기 위해서는 막대한 돈이 필요하다. 그래서 국민연금에 본인 소득의 9%를 모으라고 하는 것이다. 이후에 더 큰돈으로 돌려주겠다는 약속을 하면서 말이다. 하지만 국민연금만으로는 노후에 대체로 자신이 살고자 하는 삶의 수준을 유지할 수 없다. 그래서 퇴직금을 노후에 사용하라고 추천하고, 개인연금도 모으라며 세액공제 혜택을 주는 것이다.

하지만 현실은 어떠한가? 본격적인 노후에 들어서기도 전에 이미 퇴직을 하고, 신혼부부가 집을 살 때 모아 둔 유일한 목돈은 개인연금저축보험에 모여 있다. 손해가 나는 것을 알면서도 그 퇴직금을 사업밑천으로, 개인연금을 청약 중도금으로 납입한다.

노후가 걱정인 서민들을 위해서 높은 세액공제까지 주면서 연금저축보험을 만들어 주었는데 서민들은 그 혜택을 누릴 수가 없다. 오히려 세액공제율은 적지만, 이미 기본적인 것들이 해결된 중산층 이상의 사람들이 세금을 아끼기 위해 연간 700만 원을 넣었을 때 가장 큰 이득을 받게 되는 것이다. 연 92만 4,000원의 절세 효과와 더불어 매년 쌓이는 700만 원은 사라지지 않고 노후에 생활비로 그대로 사용할 수 있을 것이다.

그렇다면 앞으로 돈 들어갈 곳이 많은 사람은 어떻게 해야 할까? 400만 원이라는 최대 금액에 현혹되어서는 안 된다. 만약 연금을 들고 싶다면 한꺼번에 많은 돈을 불입하지 말고, 노후 준비에 대한 열의와 재무설계를 받고 난 후의 여유 금액, 그리고 그해 11월부터 볼 수 있는 '연말정산 미리보기' 서비스의 결과를 종합하여 연금저축의 금액을 결정해야 한다.

연금저축보험과 연금보험

세액공제를 목적으로 연금저축보험을 가입하려고 하는데, 비슷한
이름의 연금보험이 또 있다. 연금보험 상품설명서를 읽어 보니, 세액
공제라는 말은 없고 비과세라는 말이 나타난다. 세액공제는 내가 이
미 내기로 한 세금을 깎아 주는 것이라면, 비과세는 이자 또는 투자
소득에 대한 이자에 대해서 세금을 부과하지 않겠다는 뜻이다. 즉 세
테크를 위해서 세금 절감 목적이라면 연금저축보험, 장기간 저축 및
투자하여 이자소득에 대해서 세금 없이 모두 취할 수 있는 것이 연금
보험이다.

연금저축보험과 연금보험의 비교

	연금저축보험	연금보험
절세 방법	세액공제	비과세
조건	5년 이상 납입 55세 이후에 10년 이상 연금으로 수령	5년 이상 납입 10년 이상 유지 시
한도	연 400만 원	없음
원금	보장	보장
연금 지급 방식	확정형, 종신형, 상속형	확정형, 종신형, 상속형
중도해지	'세제 혜택을 받은 금액 + 운용수익'에 대해서 16.5% 세율의 기타소득세가 과세 * 2013년 3월 이전에 가입한 계약은 가입 후 5년 이내에 해지를 하게 되면 세제 혜택을 받은 납입금액에 대해 2.2%의 해지가산세 추가	해지 시점의 해지환급금 부과

노후에 연금의 관점으로 보자면 연금저축보험은 세액공제 혜택과 장기 저축의 혜택을 모두 누려서 연금보험이 이길 수 없을 것 같다. 하지만 상품은 공정하다. 연금 수령 시에 연금보험은 세금을 내지 않지만, 연금저축보험은 수령하는 나이에 따라 5.5~3.3%의 세금을 부담해야 한다.

세액공제를 받는 상품은 '연금저축보험'만 있는 것이 아니다

연금저축은 사실 보험사에서만 가입할 수 있는 것이 아니다. 은행과 증권사에서도 세액공제 혜택을 주는 상품이 존재한다. 연금저축신탁(2018년부터 신규 가입 중지)과 연금저축펀드가 그것이다. 모두 이름은 '연금저축'으로 시작하지만, 운영 방식에서 차이가 있다. 하지만 그보다 관심을 가져야 하는 부분이 있는데 그것은 '납입 방식'이다.

연금저축보험은 매월 납입해야 하며, 두 번 이상 보험료를 내지 않으면 보험의 특성상 실효가 된다. 이것을 부활시키려면 그동안 내지 않은 보험료를 다 내야 한다. 즉, 가입하면 의무적으로 계속해서 내야 하는 것이다. 연금저축보험의 경우 추가 납입으로 납입하는 보험료를 더 내는 데는 큰 문제가 없지만 부담하는 금액을 줄일 때에는 신경 쓸 부분이 많다. 반면에 연금저축신탁과 연금저축펀드는 납입 방식이 자유롭다. 그래서 세액공제라는 관점에서만 생각하면, 직장인의 경우 올해는 뱉어 낼 금액이 없으면 납입하지 않고, 추가로 부담해야 하는 세금이 부담스럽고 여유 자금이 있을 때는 400만 원 한도 내에서 자유롭게 납입하면 되는 것이다.

마지막으로 '연금저축'은 상품 간 이동이 가능하다. 즉 보험 → 신탁, 보험 → 펀드, 펀드 → 보험으로 바꿀 수 있다는 뜻이다. 단, 해약하고 난 후에 원금을 이동하는 것이기 때문에 내가 낸 원금이 그대로 이동되는 것이 아니다. 그래서 특히 보험에서 신탁 또는 펀드로 이동하는 경우 해약환급금이 100%에 거의 미치지 못하기 때문에 원금의 손해가 불가피하다.

연금저축 상품별 비교

	연금저축보험	연금저축신탁	연금저축펀드
금융회사	보험회사	은행	자산운용회사
적용 금리	공시이율	실적 배당	실적 배당
원리금 보장 여부	보장 (연금 개시까지 유지 시)	보장	미보장
예금자보호법 적용 여부	적용	적용	미적용
납입 방식	정기 납입	자유 납입	자유 납입
연금 지급 방식	확정 기간, 종신 (생명보험)	확정 기간	확정 기간

연금저축 가입 시 주의사항

- 세테크하려고 '연금저축'에 들었다가 중도에 해지하게 되면, 절감한 세금과 가산금을 내야 하는 손해를 볼 수 있다.
- 연금저축보험과 연금보험은 다른 상품이다.
  세액공제가 목적일 때는 연금저축보험을 가입하고, 이자소득세를 내지 않는 비과세 혜택과 추후에 세금을 내지 않으려면 연금보험이 유리하다.
- 연금저축보험의 혜택을 똑같이 누리는 연금저축신탁과 연금저축펀드가 있다.
  자유 납입을 하고 싶다면 연금저축신탁이나 연금저축펀드를 선택하면 된다.
  단, 연금저축신탁은 2018년부터 신규 가입이 중지되었다.
- 추후에 상품을 변경하는 것도 가능하다.

한 달만 넣어도
원금이 된다는 연금의 함정

○○생명 인터넷저축보험1. 8(무배당)

한 달만 지나도 '진짜' 100% 이상 환급

연 복리로 불리고, 비과세 혜택까지!

SNS를 보던 도중 자극적인 문구가 눈에 들어왔다. '한 달만 지나도 납입한 보험료를 100% 이상 환급해 준다'는 연금보험이었다.

보험 가입을 꺼리게 되었던 이유는 수익률이 좋지 않거나 해지 하면 원금을 다 돌려받지 못한다는 이야기들 때문이었는데, 한 달만 지나도 원금을 다 돌려준다는 말은 내게 충격이었다. 거기에다가 이 자에 이자가 붙는다는 연 복리뿐만 아니라 이자소득세 15.4%를 내지 않아도 되는 비과세 혜택까지 준다니 가입을 마다할 이유가 없었다.

재무설계사가 된 친구가 찾아와 노후 파산(돈 없이 100살까지 사는 공포)에 대해서 말했을 때 연금보험에 가입하고 싶었지만, 그때 가입을 주저했던 이유는 연금보험에 가입하고 나서도 7년이 넘어야 원금이 회복된다는 이야기 때문이었다. 복리, 비과세가 아무리 좋더라도 혹시 중간에 해약하게 될지도 모르는데 원금을 손해 보는 것은 너무 싫었었다. 그런데 이제 한 달만 넣어도 원금 이상을 준다는 데 가입하지 않을 이유가 없었다.

그럼에도 불구하고 연금보험 가입 전에 혹시나 하는 마음에 재무설계사 친구에게 전화를 해 보았다. 그 친구가 나를 찾아온 것이 2년 전이었는데, 그때 이후로 꾸준히 연락만 해 왔을 뿐 상품 가입을 권유하지 않아서 믿음이 있었기 때문이다. 친구는 웃으며 전화해 주어서 고맙다고 하며 인상적인 몇 가지 질문을 남기고 나서 추후에 좀 더 자세히 이야기를 나누기로 했다.

"가입할 때부터 해지를 생각해?"

"왜 연금보험으로 저축을 하려고 하는 거니?"

전화를 끊고 찬찬히 생각해 보았다. 난 노후에 대한 두려움이 있었다. 하지만 지금 당장 전세 보증금을 올리기 위한 저축과 기타 저축, 그리고 부모님 용돈 및 생활비 등으로 여유 자금이 별로 없는 상황이었다. 여기에 둘째까지 태어나서 아내가 돈을 벌지 못하면, 그나마 여윳돈 30만 원도 유지하지 못할 것 같았다. 그럼에도 불구하고 노후를 위해 뭔가 시작은 해야 할 것 같고, 혹시 해지를 하더라도 원금은 꼭 받고 싶었다. 이렇게 생각을 정리하고 나서 난 친구에게 전화하여 만날 약속을 잡았다.

카페에서 오랜만에 만난 친구는 노후연금을 준비하려는 나의 생각을 응원해 주었다. 그러고는 나를 현혹시킨 문구(100% 이상 환급)의 의미와 '진짜' 주목해야 할 '시간의 중요성'을 담고 있는 문구(연 복리, 비과세)에 대해서 말해 주었다.

한 달만 지나도 진짜 100% 이상 환급, 그런데 5년 후에도 102.8%

친구는 먼저 나에게 그래프 하나를 보여 주었다.

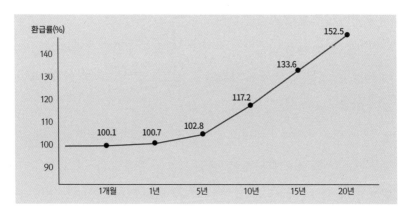

인터넷 연금보험의 가입 연수에 따른 환급률

일단 광고 문구에서 본 대로 1개월 후의 환급률 100.1%가 보였다. 그런데 좀 더 자세히 보니 10년 후 117.2%에 가려져 있던 5년 후의 102.8%가 보였다.

친구는 비교해 보라며 적금 상품의 이자를 계산해 주었다. 월 10만 원씩 3% 단리(이자에는 이자가 붙지 않음)로 5년간 적금을 넣었을 때 받게 되는 이자는 38만 7,045원이었다. 세금을 제하고도 약 6.4%의 이율이 적용되었음을 알 수 있었다. 게다가 원금을 손해 볼 가능성도 없었다.

그제야 친구의 말이 이해되었다. 10년 내에 해지할 생각으로 만약 내가 연금보험에 가입한다면, 난 금리가 낮은 은행 적금을 가입하더라도 이것보다 높은 이익에다 원금 보장까지 받을 수 있을 것이었다.

그런데 난 단순히 '원금 보장'이라는 문구에 현혹되어 이 상품을 가입할까 말까를 고민하고 있었던 것이다. 내가 의도를 파악하자 친구는 원금 보장이 아닌 주목해야 할 연 복리와 비과세에 대한 이야기를 시작했다.

아인슈타인이 말한 연 복리의 불가사의

"아인슈타인이 복리 효과에 대해 세계의 8번째 불가사의라고 말한 적이 있어. 그 말에 나도 전적으로 동의하는데 이 그래프를 봐. 실제로 30년 동안 1억 원을 단리 10%로 투자하면 총자산이 4억 원이 되지만, 복리 10%로 투자하면 17억 5,000만 원이나 돼."

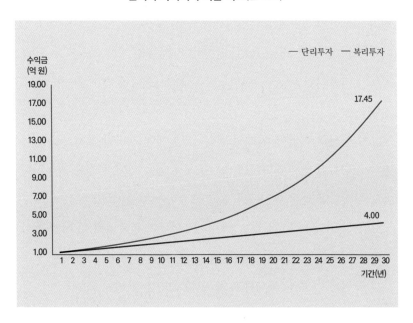

단리와 복리의 수익금 비교(연 10%)

친구는 계속해서 설명을 이어 갔다.

"너무 놀라운 숫자라서 현실성이 없으니 요즈음 적금에서 좋은 금리인 3%로 바꾸어 볼게. 그러면 원금 1억 원은 30년 후 단리 1억 9,000만 원, 복리 2억 4,300만 원으로 늘어나. 앞의 10% 복리 효과에 비하면 큰 효과는 아니지만 그래도 5,300만 원의 차이를 만들어 내지. 하지만 이것도 금리가 높고 시간이 30년가량 흘렀기 때문에 가능한 수치이지 10년까지는 사실 단리와 복리도 큰 차이를 보이지 않아. 그래서 연금보험은 단기간에 해지를 고려하면서까지 가입하기에는 아까운 상품이지."

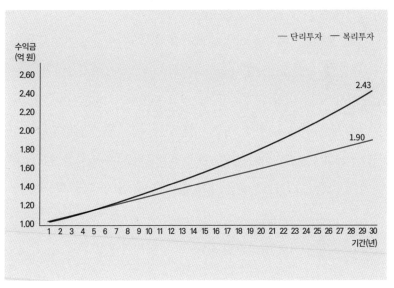

단리와 복리의 수익금 비교(연 3%)

비과세가 되려면 조건이 따른다

"다음으로 비과세를 설명하자면 이자에 대한 세금을 내지 않아도 된다는 뜻이야. 우리는 사실 잘 모르고 있지만, 예금이나 적금으로 돈을 모으면, 그 작은 이자에서 또 세금을 내야 해. 이 이자소득세 14%와 농어촌특별세 1.4%가 세율이야. 그래서 가령 은행에 예금을 하고 1,000만 원의 이자를 받는다면 154만 원 세금을 제외한 846만 원을 수령하는 데 반해, 비과세 요건을 갖춘 연금의 경우에는 1,000만 원을 모두 받을 수 있어.”

친구의 설명은 계속 이어졌다.

“좋아 보이지? 하지만 이렇게 세금을 내지 않는 데는 조건이 따르지. 월 납입 보험료 150만 원(연 1800만 원) 이하로 최소 5년 이상 납입하면서 10년 이상 유지해야 해. 결국 5년 이상 내고 10년은 그냥 두어야 하는 거야. 그런데 10년 이내에 해지한다면 어떻게 될까? 이자소득세를 다 내야 하는 거지. 이미 적금보다 낮은 이자를 받았는데 거기에 똑같이 이자소득세를 내게 된다면 왜 이 연금에 가입하려는 것일까 생각해 봐야 해.

즉 연금이 위력을 갖추려면 10년 이상 해지하지 않고 돈을 모아야만 하는데, 중도에 해지를 한다면 상품의 매력을 다 활용하지 못하는 거야. 다시 한번 네게 해 주고 싶은 말은 연금보험 상품은 10년 이상 가입하지 않을 거면 시작도 하지 않는 게 좋다는 거야.”

연금보험의 비과세 조건

- 보험료 5년 이상 납입
- 최초 납입일부터 만기까지 10년 이상 계약 유지
- 계약자 1명당 매월 납입하는 보험료 합계액이 150만 원 이하
  (일시납의 경우 1억 원 이하)

연금보험 선택 시 유의 사항

- 10년 이내 단기 저축을 할 생각이라면, 연금보험이 아닌 적금과 같은 상품을 고려하자.
- 연 복리의 위력은 시간이 지날수록 발휘된다. 5년 가지고는 큰 차이가 없다.
- 이자소득세를 내지 않고 나의 원금과 이자를 다 받고 싶다면 최소 5년 이상 납입하고 10년 이상 유지해야 한다.

종신보험,
제대로 가입해야 한다

예전 직장에서 실시한 직장인을 위한 금융 세미나에 참석한 적이 있었다. 세미나에서는 구체적이고 현실적인 질문이 쏟아졌다.

"한 달에 내가 써야 하는 돈은 얼마인가?"
"지금부터 퇴직 전 40년간 필요한 생활비는 얼마인가?"
"은퇴하고 나서 이전 수준의 생활을 유지하려면 얼마가 필요한가?"
"은퇴자금을 마련하기 위해 나의 돈을 맡기기에 가장 적합한 금융 기관은 어디인가? 보험사, 증권사, 은행?"

세미나가 끝나고 나서 필자는 노후를 위해 지금부터 조금이라도 준비해야겠다는 생각이 들었다. 옆자리 선배도 같은 생각이었는지 필자와 마찬가지로 추가 상담을 신청하였다.

1주일 후 나와 비슷한 연령대의 재무설계사가 와서 상담을 해 주면서, 지난번 진행했던 세미나의 내용을 상기시켜 주었다. 결국 난 월 30만 원씩 20년납 연금에 가입했다.

이후 연금 가입 사실을 잊고 지내다가 목돈이 필요한 순간이 왔다. 신청한 아파트 청약이 덜컥 당첨이 된 것이었다. 기쁨의 순간도 잠시, 당장의 계약금과 앞으로의 중도금을 어떻게 납부할지 겁이 나기 시작했다. 그동안 모은 돈뿐만 아니라 대출, 그리고 부모님으로부터의 일부 지원이 있었지만 돈이 부족했다. 결국 나는 지난번에 가입한 연금을 해지하기로 마음먹고는 보험사 콜센터에 전화를 걸었다.

"고객님은 아직 가입한 지 1년이 되지 않으셔서 해지환급금이 없습니다."

이 말에 놀라 따졌지만 돌아오는 대답은 같았다. 그제야 내가 가입한 상품이 무엇인지 왜 해지환급금(보험을 해지하면 나오는 돈)이 0원인지에 대해서 따져 보기 시작했다. 알고 보니 그 재무설계사가 필자에게 가입시킨 것은 연금보험이 아니라 종신보험이었던 것이다. 그리고 두 보험은 해지환급률(보험을 해지할 때 받게 되는 돈÷이미 납입한 보험료)에서도 엄청난 차이를 보였다.

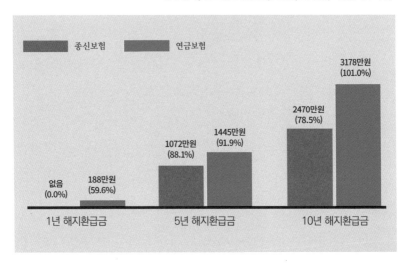

종신보험과 연금보험의 해지환급금 비교

*40세 남자, 월 보험료 26만 2,000원, 20년납, 가입금액 1억 원

그런데 이런 피해를 본 것은 나뿐만 아니었다. 당시 같이 상담을 받았던 선배, 그리고 같은 세미나를 들었던 동료 등 모두 123명의 피해자가 있었다.

'상품설명서'나 '보험증권' 등을 제대로 살펴보기보다는 세미나 강의 내용과 재무설계사의 상담만 믿었던 것이 부끄러웠다. 하지만 돈을 돌려받아야 했기에 강의를 진행한 보험대리점, 해당 보험을 만든 ○○생명보험사를 거쳐 금융감독원에까지 민원을 제기하였다. 그 험난한 과정을 거쳐 결국 돈을 돌려받았지만, 화나고 부끄러운 마음은 남을 수밖에 없었다.

그들이 종신보험을 판매한 이유

이후 나는 그들이 나에게 종신보험을 판매한 이유를 찬찬히 살펴보았다. 내가 파악한 이유는 첫째 보험설계사가 받게 되는 수당의 차이 때문이었다.

사람의 사망을 보장하는 보험을 판매하는 것은 노후를 보장하는 보험에 비해서 고객을 설득하는 데 어려움이 있다. 따라서 보험 계약을 체결하기 위해 더 많은 비용이 필요하다고 본다. 이는 곧 보험사에서 재무설계사에게 많은 수당을 준다는 것을 의미한다.

둘째로는 다음 표에서 보는 것처럼 보험료는 부가보험료와 순보험료로 구성되는데, 순보험료는 다시 저축보험료와 위험보험료로 나뉘게 된다.

보험료의 구성

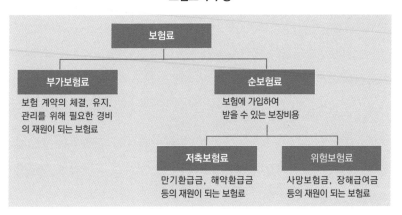

그런데 종신보험은 연금보험에 비해 위험보험료의 비중이 크다. 종신보험이 사람의 생명을 보장한다면, 연금보험은 보장이 없거나 있더라도 발생률이 적은 상해장해에 대한 보장을 해 주기 때문이다. 그러므로 저축보험료가 종신보험에 비해 연금보험이 많을 수밖에 없어 결국 이것은 고객에게 돌려주어야 할 해약환급금이 종신보험에 비해 연금보험이 많다는 것을 의미한다.

따라서 재무설계사는 많은 수당을 받을 수 있고, 보험사는 자신들의 부담을 낮추기 위해 종신보험 판매를 독려하는 것이다.

그런데 그들은 어떻게 종신(생명)보험을 연금처럼 판매할 수 있었던 것일까? 이는 최저보증이율, 비과세, 추가납입 200%라는 삼총사의 활약 덕분이었다.

이 삼총사들은 중요한 내용이기에 꼭 설명해야 하는 부분이지만, 재무설계사들은 직접적인 단어를 쓰지 않고 흘려 말하거나 언급하지 않는 경우가 많다. 또는 고객들의 수익을 강조하며 비과세와 최저보증이율만을 이야기한다. 비과세는 연금보험과 종신보험 모두에 해당하며, 최저보증이율은 종신보험에 유리한 내용이다.

삼총사 중 최저보증이율부터 풀어서 말하면 최소한 이 이상의 이자를 주겠다는 약속이다. 갑자기 우리나라의 금리가 일본처럼 마이너스 금리에 도달하더라도 약속한 최소의 이자는 주겠다고 하는 것이다. 이 최저보증이율이 연금상품의 경우 대략 1~1.5%라면, 종신보험의 경우 2.5~3%로 상대적으로 높다.

그리고 또 고객의 이익인 비과세는 이자소득세와 관련이 있다. 앞서 말했듯이 만약 2,000만 원을 5%의 예금으로 1년간 넣어서 이자를 100만 원 받으면 그중 15.4%인 15만 4,000원을 이자소득세로 내야 한다는 사실을 아는 사람은 생각보다 많지 않다. 이 사실을 알려 주면서 대신에 연금보험에 가입하여 5년 이상 보험료를 매달 내고 10년간 유지하면 저 이자소득세를 내지 않아도 된다고 하면 고객들은 현혹되기 마련이다.

마지막으로 고객에게 가장 큰 이득을 주는 추가 납입이다. 그런데 고객에게는 이익인데, 설계사에게는 아무런 이익이 없다. 가입한 기본보험료가 100만 원이면 100만 원에 대한 수당을 받는데, 만약 기본보험료 34만 원에 66만 원을 추가 납입하는 것으로 설계해서 가입한다면 34만 원에 대한 수당만 받게 되는 것이다. 그래서 추가 납입을 말하더라도 기본보험료를 높이기 위해 고객의 저축 여력을 높게 잡는 경우가 있다. 추가 납입에 대해 좀 더 자세히 설명하자면 다음과 같다.

A와 B 두 사람이 추가 납입이 가능한 같은 종신보험에 가입을 했는데, A는 10년 동안 매월 100만 원을 내고 추가 납입을 하지 않은 반면, B는 10년 동안 매월 35만 7,000원을 내고 64만 3,000원을 추가 납입하였다고 하자. 그러면 해지 시에 B는 1억 2,264만 원을 수령하지만, A는 1억 144만 원을 받게 된다. 결국 A와 B는 2,120만 원의 수령액 차이가 생기는 것이다.

종신보험의 기본 보험료와 추가 납입 비교

* 종신보험 30세 남자, 10년납 기준

종류	기본 보험료	추가납입 보험료	최저보증이율(2.75%) 10년 후 해지환급금	사망보험금
추가 납입이 없는 경우	100만 원	–	1억 144만 원(84%)	2억 8,100만 원
추가 납입을 한 경우	35만 7,000원	64만 3,000원	1억 2,264만 원(102%)	1억 원

대신에 A는 사망보험금을 2억 8,000만 원 보장받고, B는 1억 원을 보장받게 된다. 그러므로 단순히 장기저축 또는 연금으로 생각하고 추가 납입 없는 종신보험에 가입하는 것은 올바르지 않다.

연금보험과 종신보험 가입 시 유의 사항

- 자신이 가입한 연금보험이 진짜 연금보험인지를 반드시 확인하라
- 기존에 가입한 연금보험이나 종신보험이 있다면 추가 납입을 고려하라.
- 종신보험이 무조건 나쁜 것이 아니다. 내가 사망함으로 인해 가족에게 경제적 타격을 많이 주게 되고, 연금보험을 따로 준비하기 어려운 상황이라면 종신보험을 가입한 뒤 추가 납입을 고려하는 것이 좋다.

내게 필요한
연금은 얼마일까

국민연금연구원에서 발표한 '사회조사를 통해 본 노후준비 경향'에 따르면 노후를 위해 경제적 준비를 하는 비율이 2007년에는 72.7%였고, 2017년에는 73.2%로 거의 변화가 없다. 약 30%의 비율은 노후를 위해 어떠한 경제적 준비도 하고 있지 않다는 것이다. 게다가 준비를 하고 있는 70%의 사람들 또한 최소 노후 생활비용을 충당하기에는 부족한 금액을 준비하고 있다. 노후 준비를 하지 않는 이유로 20~30대는 노후에 관심이 없고, 40~50대는 준비 능력이 없다고 답했다.

그런데 노후에 필요한 비용을 확인하고 미리 계획을 세우지 않으면 경제적 어려움에 직면할 수 있다.

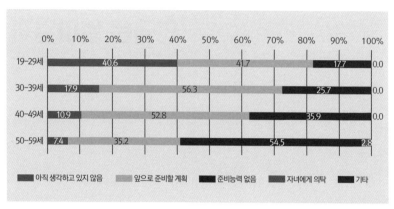

연령별 노후 준비를 하지 않는 이유

	아직 생각하고 있지 않음	앞으로 준비할 계획	준비능력 없음	자녀에게 의탁	기타
19-29세	40.6	41.7	17.7		0.0
30-39세	17.9	56.3	25.7		0.0
40-49세	10.9	52.8	35.9		0.0
50-59세	7.4	35.2	54.5		2.8

출처: 통계청 사회조사(2017년)

노후 준비와 연금

보통은 연금을 통해 노후 준
비를 하고 있는 경우가 많다.
그리고 연금은 일반적으로 다
음과 같은 3층 구조가 널리 알
려져 있다.

1층) 정부와 함께 국민연금을
준비하고

연금 3층 구조

2층) 기업과 함께 퇴직연금을 준비한 후

3층) 스스로 부족한 부분에 대비하는 개인연금이 있다.

여기에 65세 이상 노인들을 대상으로 한 기초연금과 추가 연금이 등장해 5층 구조를 이루기도 한다.

0층) 기초연금 : 65세 이상 어르신 중 하위 70%

추가) 주택연금, 농지연금, 토지연금 : 본인이 소유한 주택, 농지, 토지를 국가에 담보로 맡김.

그렇다면 나에게 준비된 연금은 얼마이고, 노후에는 과연 얼마가 필요할까?

국민연금 노후준비 서비스(http://csa.nps.or.kr)에 들어가면 가입 중인 국민연금과 개인연금 등을 한번에 확인할 수 있다. 그리고 여기에서 '노후를 위한 국민연금 준비정도 알아보기' 항목을 누르면 최소 필요한 노후 생활비와 적정 노후 생활비에 대한 기준을 알려 준다. 서울 기준 개인의 최소 노후 생활비는 122만 4,000원이고, 부부의 최소 노후 생활비는 199만 2,000원이다. 이 기준금액 대비 본인이 준비한 연금을 대비하여 보여 준다.

여기에는 개인, 퇴직, 주택·농지·토지 연금에 대한 정보는 합산되지 않은 것이기 때문에 우선 본인이 준비한 금액을 꼼꼼히 확인해야 한다. 그 후 부족분에 대한 준비는 본인의 성향에 맞춰 구체적인 계획을 세우는 것이 중요하다.

국민연금은 나쁜 상품일까

연금 중에서 사람들이 가장 관심 있어 하는 것은 국민연금이다. 한동안 연금 고갈과 0% 수익률, 각종 국민연금 관련 사건 등이 쏟아져 나오면서 요즈음 국민연금에 대한 사람들의 신뢰가 약화되어 가고 있다. 더군다나 국민연금은 내가 스스로 낼지 안 낼지를 결정할 수 없는 의무보험이라는 것에 더 좌절하고 있는 사람들이 많다. 이러한 때에 재무설계사는 이러한 정보를 흘리면서 내 귀를 솔깃하게 하였다.

"국민연금에 대해 제대로 알고 계세요? 그거 우리 부모님 세대만 받을 수 있어요. 지금은 노인 1명을 우리 같은 사람들 5명이 도와주는데, 우리가 받을 때는 자식 1명이 노인 1명을 도와줘야 해요. 그러면 우리 자녀들은 과연 국민연금을 얼마나 내야 할까요? 아니 낼 수나 있을까요?"

즉 2015년에는 1명의 고령인구(65세 이상)를 약 5.5명의 생산가능인구(15~64세)가 지원했지만, 2060년에는 1명의 고령인구를 약 1.2명이 지원하는 인구 구조로 바뀌고 있다는 것이다.

이러한 논리로 그 재무설계사는 국민연금이 고갈될 수밖에 없음

을 강조하며, 그 비워지는 곳간을 개인연금으로 보충해야 함을 설명
했다.

우리나라 인구 구조의 변화

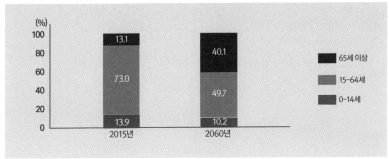

국민연금, 정말 못 받게 될까

국민연금 부정론자들은 '기금 고갈'에 집중할 뿐 다른 쪽은 언급하
지 않는다. 그것은 국민연금의 상품으로서의 가치이다. 상품 vs 상품,
즉 국민연금과 개인연금의 비교 말이다. 이들에게는 그럴 만한 이유
가 있다. 왜냐하면 기금이 고갈되면 끝인데, 그렇게 되면 상품의 가치
를 논할 필요가 없으니 말이다. 일부 언론들은 이러한 프레임으로 국
민들에게 공포를 팔아 시청률을 높이고, 재무설계사들은 이걸 근거
로 연금 판매를 유리하게 이끈다.

하지만 정말 그럴까? 이 물음에 답하기 위해서 2가지 사항에 대한 답변이 필요하다. 첫 번째는 국민연금은 고갈되어 정말 받을 수 없는 것인가이고, 두 번째는 국민연금은 정말 안 좋은 상품인가이다.

첫 번째 질문에 대한 답을 하면, '국민연금의 기금은 고갈될 수 있다. 그렇지만 우리는 국민연금을 받을 수 있다'이다.

지금 논란이 되는 언론 기사들을 자세히 살펴보면 '2060년에 고갈될 것이라 예측되었던 기금이 2057년으로 3년가량 당겨질 수 있다'는 내용이 포인트이다. 그런데 기금 고갈이 3년이 당겨지는 것보다 이미 2060년에 기금이 고갈될 것이라는 전제가 있다는 것이 더 중요한 것이 아닐까? 그러면 원래 기금이 고갈되면 어떻게 하려고 했던 것일까? 핵심은 기금이 아니라 지속적으로 입금되는 보험료에 있다. 이걸 이해하기 위해서는 연금의 운영 방식에 대해 알아야 한다. 현재 연금의 운영 방식은 크게 3가지이다.

① 적립형: 내가 납부함 금액을 내가 받아가는 형태. 보험사에서 운영한다.
② 부과형: 보험금을 받을 노령자를 위해 생산가능 인구가 보험료를 내주는 형태. 즉 자녀가 내고 부모가 받는 것이다.
③ 부분적립형: 부분적으로는 적립하여 기금을 형성하고, 부분적으로는 낸 보험료를 노령자에게 지급하는 형태이다.

이 중에서 현재 우리나라가 취하고 있는 방식은 부분적립형이다. 적립된 기금은 결국 고갈될 수밖에 없다. 운용 수익과 추후 인구구조 변화에 따라 그 시기가 앞당겨지느냐 미루어지느냐의 차이일 뿐이다. 결론을 말하면 현재의 20대들은 적립된 기금으로 65세 때 국민연금을 받지 못할 수도 있다. 다만, 미래의 후손이 내어 주는 보험료를 통해서 국민연금을 받을 것이다.

미국, 스웨덴 등 우리나라보다 오래전부터 연금 제도를 채택하고 있는 국가들도 운영 초기에는 기금을 쌓아 뒀지만 현재는 거의 없는 상태이다. 그럼에도 불구하고 연금 선진국들은 현재까지 연금을 지급하지 못한 사례가 없었다. 물론 수령 보험금의 액수와 시기는 달라질 수 있다.

소득대체율(추후 수령하게 되는 연금액이 은퇴 이전 소득의 몇 퍼센트에 달하는지를 보여 주는 지표)이 70%에서 단계적으로 하락하여 2018년에는 45%까지 떨어졌다. 그리고 2028년까지 매년 0.5%씩 떨어트려 10년 후에는 40%까지 하락시키려고 하고 있다. 또한 2040년 이후에는 국민연금 수령 나이를 현재 65세에서 68세로 높이려는 방안도 추진되고 있다. 도대체 왜 이러는 걸까?

미래는 예측하기 어렵다. 세계적인 기업 애플의 CEO 팀 쿡도 대학 시절 25년 계획을 세웠지만 2년간만 잘 지켰을 뿐, 후에 그가 깨닫게 된 것은 '미래는 예측할 수 없다'는 자각이었다고 한다. 한 사람의 인생도 이렇게 예측이 어려운데 하물며 국민연금의 수십 년 후 미래를 예측하기란 정말 어렵다. 그래서 정부에서는 5년에 한 번씩 국민연금 재정계산을 한다. 이때의 재정계산에 따라 소득대체율, 연금 수령 시기, 보험료 등에 대한 내용을 논의하는 것이다.

두 번째 질문에 대한 답은, '국민연금이 개인연금보다 무조건 좋다'이다. 여전히 '연금을 받을 수 있다면'이라는 전제가 따라 붙지만, 국민연금은 현재 소득의 9%를 납부하고 65세 이후에 소득대체율 40%를 받게 되어 있다.

다음의 표는 국민연금공단에서 제시한 것인데, 국민연금과 개인연금을 비교한 것이다.

국민연금과 개인연금 비교

	국민연금	개인연금
보험료	19만 9,800원(직장인 본인 부담은 9만 9,900원)	20만 원
가입월수	240개월(20년)	240개월(20년)
총보험료	4,795만 2,000원	4,800만 원
2038년 예상 월 수령액	106만 115원	81만 원
10년 후(2048년) 예상 월 수령액	142만 4,760원	81만 원
20년 후(2058년) 예상 월 수령액	3억 4,184만 1,281원	1억 9,440만 원

똑같이 20만 원씩 20년간 냈을 때 국민연금은 매월 106만 원, 개

인연금은 81만 원을 받게 된다. 이렇게 되는 이유 중 가장 큰 것은 국민연금은 물가 및 소득반영분을 반영하는 반면, 개인연금은 그렇지 않기 때문이다. 게다가 위 자료는 2008년 당시에 가입한 개인연금을 가정한 것으로 공시이율(적립된 보험료에 부가되는 이율)이 5.3%인데, 현재는 이런 이율의 상품은 존재하지 않는다. 3%대의 개인연금을 찾기도 어려운 상황이다.

이런 상황에서 국민연금을 무조건 배제하고 개인연금으로만 노후를 준비하는 것은 사실상 불가능하다. 그런 의미에서 개인연금은 연금을 준비하는 4종 세트(국민연금, 퇴직연금, 개인연금, 주택연금) 중 하나로 의미가 있다 할 수 있다.

국민연금이 정상적으로 운영될 수 있도록 우리는 감시자, 응원자가 되어야 한다.

국민연금을 안 낼 수 있다면, 국민연금이 좋지 않은 상품이고 이를 대체할 수 있는 수단을 알고 있다면, 우리는 국민연금을 비판하고 떠나면 그만일 것이다. 하지만 국민연금은 사회보장제도로서 우리의 부모님과 경제적으로 어려운 상황에 있는 사람들을 위해 사회안전망 역할을 한다. 그러므로 재무설계사의 말이나 주변 이야기에 흔들리기보다는 스스로 더 공부해서 국민연금을 응원하고 감시하는 역할을 해야 한다. 국민연금이 부당한 목적으로 쓰일 수 없게 사회보장제도의 순기능으로서 존재하게 하기 위해서는 우리도 성장해야 한다.

6장

나에게 맞는
보장성보험을 추천해 준다는

거짓말

실손의료비보험
1만 원? 10만 원?

    회사 동기들과 얘기를 나누던 중 실손의료비 보험료에 대한 이야기가 나왔다. 1만 원을 내는 동기가 있는가 하면, 10만 원이 넘는 보험료를 내는 동기도 있었다. 도대체 왜 이런 일이 일어나게 된 걸까?

    실손의료비보험은 말 그대로 실제 내가 부담한 의료비를 보상해 주는 보험을 말한다. 30세 남성 기준으로 보통 약 1만 원의 보험료가 책정된다. 그렇다면 실손의료비 보험료를 10만 원 내고 있는 동기는 어찌된 일일까?

    재무설계사가 실손보험을 판매하는 것은 다른 보험에 비해 아주 수월하다. 그 중요성이 이미 언론 기사나 방송에서 많이 홍보된 덕분이다. 하지만 정작 실손의료비보험의 보장 내용과 보험료가 얼마인지는 잘 알려지지 않았다. 그 맹점을 파고든 일부 설계사가 실손의료비보험을 설계해 주겠다고 하며 '실손의료비 특약'을 넣은 종합보험,

종신보험을 판매하는 것이다. 덕분에 1만 원이면 될 실손의료비보험이 10만 원으로 바뀌는 것이다.

이러한 '실손의료비보험 끼워 팔기'의 행태를 막고자 정부에서는 2018년 4월부터 '단독형 실비보험' 판매를 의무화하였다.

이미 10만 원이 넘는 보험료를 내고 있다면 3가지 방법을 통해서 보험료를 줄일 수 있다.

첫 번째는 가입한 보험이 손해보험사에서 판매한 실손의료비보험일 경우이다(손해보험이라 함은 보험사의 이름이 ○○손해보험 또는 ○○화재로 끝나는 경우이다). 보험증권의 첫 페이지를 살펴보면 '적립보험료'라는 글자를 찾을 수 있다.

보험증권

기본사항(실명확인필)

이 보험계약은 예금자보호법에 따라 예금보험공사가 보호하되 보호한도는 본 보험회사에 있는 귀하의 모든 예금보호 대상금융상품의 해약환급금(또는 만기 시 보험금이나 사고 보험금액)에 기타지급금을 합하여 1인당 "최고 5천만원"이며, 5천만원을 초과하는 나머지금액은 보호하지 않습니다.

계약자		성별 및 생년월일/사업자번호	남. 1979년
증권번호		청약일자	2010년
보험기간	079년 06월 18일 24시까지 (69년)		
납입주기	월납 20년간 240회 납입	납입보험료(원)	77,000
보장보험료(원)	40,403	적립보험료(원)	36,597
만기환급금수익자		보험료 납입방법	자동이체
예상만기환급금	납입보험료중 적립순보험료에 대해 경신형보험료 차감후 [보장]공시이율으로 적립한 금액		

* 상기 제시된 보험기간은 '세만기의 경우 피보험자별로 보험기간에 달라질 수 있습니다.

그런데 적립보험료는 보험의 본래 기능인 위험에 대한 보장이 아닌 향후를 위한 저축을 하겠다는 의미이다. 그러므로 적립보험료를 뺀다고 해서 나의 보장이 변하는 것은 아니다. 그래서 보험회사 콜센터에 전화해서 적립보험료를 빼 줄 것을 요청하면 절차를 거쳐 뺄 수 있을 것이다. 다만, 대부분의 보험사는 '기본 보장에 연계된 것이다' '향후 갱신되는 보험료를 미리 받아 두는 것이다' 등의 이유를 붙여 적립보험료를 뺄 수 없다고 말할 것이므로 그 과정이 쉽지는 않다. 실제 약관상 안 되는 경우도 있으나, 단순히 절차가 복잡한 경우도 있으니 안 된다고 한다면 이유를 자세히 들어 보길 바란다.

두 번째는 생명보험에 실손의료비 특약이 있는 경우이다. 이 경우는 부모님이 가입해 주신 실손의료비보험인 경우가 많다. 생명보험을 주 계약으로 하는 탓에 보험료도 비싸다(주 계약을 고객의 입장에서 말하면, '이 계약사항 없이는 다른 것도 가입하지 못한다'라는 뜻이다).

다음 보험의 가입 현황을 보면 주 계약 부분의 보험료가 9만 889원이고, 실손의료비 보험은 7,497원이다. 이 보험을 해지하지 않고 실손의료비 보험을 지키고 싶다면 주 계약의 가입 금액을 현재 6,683만 원에서 최저금액으로 줄이는 방법을 쓸 수 있다. 만약 최저 가입금액이 2,000만 원이라면 4,483만 원에 대한 보험료 약 6만 3,000원을 줄일 수 있을 것이다.

단, 이 방법은 주 계약인 생명보험에 대한 본인의 생각과 상황에 따라 다르므로, 보험료를 낮춘다는 한 가지 이유만으로 쉽게 손을 대어서는 안 된다.

생명보험에 실손의료비 특약이 있는 보험 계약서

구 분		가입금액(천원)	보험료(원)	납입기간	보험기간
주 계	비일시납	66,838 ★★★★★	90,899 ★★★★★	20년납	종신
	CI보험료납입면제	91	1,604	20년납	20년
	실손의료비Ⅲ(질병입원형,선택)	50,000	3,613	1년납	1년
	실손의료비Ⅲ(질병통원형,선택)	300	1,615	1년납	1년
	실손의료비Ⅲ(상해입원형,선택)	50,000	1,964	1년납	1년
	실손의료비Ⅲ(상해통원형,선택)	300	305	1년납	1년

세 번째는 기존 보험을 해지하고 새롭게 단독 실손의료비보험을 가입하는 것이다.

30세 남녀의 평균 보험료는 약 1만 1,700원이다(보험다모아 [e-insmarket.or.kr]의 17개 온라인 보험사 평균치). 보험료의 측면에서만 보았을 때는 기존 것을 해지하고 새로 가입하는 것이 이익으로 보이나, 2017년 4월 1일 이후에 가입한 실손의료비보험은 도수치료, MRI, 비급여주사치료를 구분해서 보장해 주기 때문에 고객에게 불리하게 작용한다. 보험료를 얻은 대신 보장 범위가 축소된 것이다. 그이외에 해지 시에는 확인해야 할 항목이 많기 때문에 기존 보험을 해지하고 새로 가입할 때는 신중해야 한다.

첫 번째 방법에서 세 번째로 갈수록 고려해야 할 부분이 많아진다. 혼자서 확인하다가 놓치는 부분이 있을 수 있으니 두 번째 상황부터는 전문가와 보장에 대한 생각을 나누고 결정하길 추천한다.

보험 가입에도 순서가 있다

일본의 피겨스케이팅 선수였던 아사다 마오는 트리플 악셀(공중 3 회전 반)에 집착했다. 난도가 높아 성공했을 경우 높은 점수를 획득할 수 있기 때문이다. 하지만 실패하게 되면 점수가 크게 깎인다. 이는 우리나라의 김연아 선수 때문이었다. 김연아 선수는 무리하게 트리플 악셀을 하지 않고도 기본기와 섬세한 표현력만으로 그녀를 넘어섰다.

신입 재무설계사들도 아사다 마오와 같은 실수를 한다. 그들은 실손의료비보험, 암보험 등과 같은 기본적인 보험에는 큰 관심이 없다. 대신 트리플 악셀과 같은 높은 수수료를 지급하는 종신보험에 집착하는 경우가 많다. 가장 큰 문제는 재무설계사의 잘못된 설명으로 인해 고객들이 피해를 받는 것이다.

지인 중에 재무설계사가 실손의료비보험보다 종신보험이 훨씬 이익이라며 가입을 권유해 피해를 입은 사람이 있었다. 그는 골절로 2주간 입원을 했지만 보험금을 한 푼도 받지 못했다. 재무설계사가 종신보험을 가입시키려 할 때는 모든 것이 보장될 것처럼 말해 놓고서는 다시 살펴보니 20만 원의 보험료 중 대부분이 사망보험금을 준비하는 데 쓰였을 뿐 의료비와 상해에 대한 부분이 없었기 때문이다. 화가 난 그는 그 재무설계사를 통해 가입한 모든 보험을 해지하고 인연을 끊었다고 한다.

여러분도 이런 피해를 보지 않으려면 보험 가입 시 치료비, 생활비 순으로 해야 한다.

이렇게 순서가 정해지는 이유는 보장과 가성비 면에서 치료비를 보장해 주는 실손의료비보험보다 좋은 보험이 없기 때문이다.

예를 들어 30대 남성이 위암으로 진단되어 퇴원 시 병원비로 3,000만 원이 발생했다고 하자. 실손의료비보험은 병원비의 80~90%를 보장하고 퇴원 후에 발생하는 의료비에 대해서도 계속 보험금을 지급한다. 이에 반해 암보험은 진단금 3,000만 원을 1회만 보장하면 끝이다.

그러면 실손의료비보험만 있으면 되지 않을까 생각할 수 있지만, 각 보험은 역할이 다르다. 퇴원 후 경제생활이 가능한 경우라면 실손의료비보험만 있으면 되겠지만 그렇지 않은 경우에는 치료비에 더해 알파, 즉 생활비가 필요하다. 그러므로 각 역할을 구분해서 순서를 정해 보험 가입을 고려해야 한다.

실손의료비보험과 암보험의 역할

	보험료	보험금	치료 후 효력 여부	역할
실손의료비보험	1만 원	2,400만~2,700만 원	보험 효력 있음	치료비
암보험	3만~8만 원	3,000만 원	보험금 지급 없음	생활비

생활비를 보장해 주는 보험은 나에게 있을 수 있는 큰 질병과 위험에 대해서 예측해 보는 것부터 시작해야 한다. 유전 및 생활습관으로 인해 올 수 있는 질병을 예측하는 데는 '가족력 가계도'를 작성하는 것이 좋다(자세한 것은 부록 1 참조). 그리고 나의 직업, 건강검진 결과 등을 고려해서 설계해야 한다.

그 후에 나에게 필요한 보험금의 규모를 예측해야 한다. 단순히 누군가 '암 보험금은 1억은 있어야 된다더라'는 말을 했다고 해서 그 보험금을 준비해야 하는 것은 아니다. 나에게 5년간 필요한 생활비를 예측해서 규모를 결정해야 한다.

5년이라고 가정한 이유는 대부분의 암이 완치되었다고 판정받는 데 걸리는 기간이 5년이기 때문이다. 완치 판정을 받지 못하고 사회에 경제적으로 복귀하지 못한다고 가정하면 필요한 보험금은 기하급수적으로 늘어서 규모를 가늠할 수 없다. 그래서 완치를 가정해 '생활비×5년(60개월)'으로 계산하면 내가 준비해야 할 보험금의 규모가 결정된다.

이렇게 결정할 수 있는 근거 중 하나는 실손의료비보험이 치료비를 해결해 준다는 가정 아래에서다. 그리고 아프기 전 생활비와 아픈 후의 생활비는 다를 것이다. 아프기 전 생활비에서 줄어드는 비용만큼 아픈 후에 추가적으로 들어가는 의료비와 건강보조식품 등을 생각하면 비슷해지므로 '생활비×60개월' 공식을 통해서 보험금의 규모를 결정하기 바란다.

마지막으로 나에게 적정한 보험료의 상품을 권유하는지 궁금할 때는 앞서 말한 대로 '보험다모아' 사이트를 통해서 확인할 수 있다. 보험다모아는 손해보험협회와 생명보험협회에서 함께 만든 웹페이지로 회사별 보험료와 보장내용을 비교하고 가입할 수 있게 운영되고 있다. 모든 상품을 검색할 수는 없지만 적정 보험료 여부는 확인할 수 있다.

TIP

실손의료비보험 가입 시 유의사항

- 실손의료비보험은 연령 및 성별에 의해 보험료가 결정된다. 나이가 올라갈수록 보험료는 올라가며, 30세 남녀의 경우 약 1만 원이다. 또 남성보다 여성의 보험료가 조금 더 높다.
- 이미 많은 보험료를 내는 실손의료비보험에 가입했다면 보험료를 낮출 수 있는 방법이 있으니 찾아보길 바란다.
- 2018년 4월 1일부터 실손의료비보험을 끼워 팔 수 없게 제도가 바뀌었다.
- 실손의료비보험이 없거나 해지하고 새로 가입을 고려할 때는 '보험다모아 (http://www.e-insmarket.or.kr)' 사이트를 통해서 보험료를 비교해 본 후 가입할 것을 추천한다.

보험 가입 시 유의사항

- 보험을 가입할 때는 치료비 → 생활비 순서로 가입해야 한다.
- 치료비: 실손의료비보험 또는 단독 실손의료비보험
- 생활비: 나에게 올 수 있는 위험을 '가족력 가계도' 작성 및 직업, 생활습관을 고려하여 예측한다. 그 후 3대 질병 보험, 상해보험 등을 설계한다.

- 보험금의 규모는 '생활비x60개월' 공식에 대입한다.
- 가령, 생활비가 100만 원인 사람의 암 진단금은 6,000만 원이 필요하다.

- 적정 보험료인지를 확인할 때는 '보험다모아'를 통해서 비교할 수 있다.

보험 리모델링을 해 준다는 그들

"보험료를 너무 많이 내시는군요."

필자가 가입한 보험을 분석한 후 재무설계사가 던진 첫 마디였다. 어머니가 대신 가입해 주신 3개 보험에 매월 15만 원씩 내고 있어 부담을 느끼던 참이었다. 게다가 그 재무설계사는 요즈음 보험이 더 좋아져서 7만~8만 원이면 더 높은 보장을 받을 수 있으니 자신이 설계해 주는 대로 따라오라고 했다. 보험료도 싸지고 보장도 올라간다는 그 말, 믿어도 될까?

보험료에 가장 큰 변동을 주는 요인은 나이와 보험 기간이다.

10년간 암 진단 시 1,000만 원을 지급하는 보험을 가입한다고 하면, 대략적으로 20세 남성의 보험료는 850원, 60세 남성은 1만 4,400원으로 17배 정도 차이가 난다. 어린 나이에 보험을 가입할수록 보험료는 확실히 더 저렴하다.

그런데 필자는 지금 나이가 어머니가 가입해 주셨을 때보다 더 많아졌다. 이럴 때 재무설계사가 보험료를 낮추는 방법은 보험 기간을 조정하는 것이다. 즉 80세까지 보장되는 것을 50세, 60세까지 보장해 주는 것으로 줄이는 것이다.

그 이후에는 어떻게 되느냐고 물어보면 재무설계사는 '갱신'되어 유지된다고 말하며 오르는 보험료에 대해서는 슬쩍 지나가는 경우가 많다. 그러면 그 슬쩍 지나간 보험료는 어떻게 되는 것이냐 하면 10년에 2배씩 올라간다. 20세와 60세 사이에는 40년, 매 10년마다 2배이니 16배이다.

앞에서 언급한 20세 남성과 60세 남성의 보험료 차이가 17배이니, 10년에 2배씩 올라간다는 이야기는 대략 맞다. 정말 대단한 보험료 상승이다. 그러니 단순히 지금 납입하는 보험료가 낮아진다고 하는 그의 말을 그대로 믿어서는 안 된다. 기존 보험과 보장 기간의 차이에 대해서는 스스로 꼭 확인해야 한다.

만병통치 보험은 없다

보험 하나만 가입하면 '생명보험, 암 등 주요 질병보험, 입원, 수술, 상해, 골절' 등 보장과 연금까지 다 된다고 판매했던 보험이 있었다.

치명적 질병(Critical Illness)의 약어인 CI보험이라고 불리는 보험인데, 해당 보험에 대한 재무설계사들의 잘못된 설명 탓에 피해자가 늘어나자, 2010년 7월에 금융감독원에서는 'CI보험 가입 시 유의사항'까지 배포하였다.

하나만 가입해서 모든 것을 보장받을 수 있는 보험은 없다. 스킨·로션·선크림이 하나로 되어 있다는 올인원화장품도 피부의 종류에 따라 있는데, 가족력(3대에 걸친 가족 중 2명 이상이 같은 질병), 경제력(납입할 수 있는 보험료의 액수)이 다양한 보험설계에 어떻게 만병통치 보험이 있을 수 있겠는가? 그런 것은 없다.

보장성보험을 가입할 때의 고려해야 할 요소는 10개가 넘는다(가족력과 경제력, 세부적으로 이미 가입한 보험, 가족에게 발행한 질병, 특약, 납입 기간, 보험 기간, 환급률, 납입 가능한 보험료, 세액공제 등). 게다가 그 요소를 분석해서 국내외 35개의 보험사를 고르고, 이어 해당 보험사에서 판매하는 상품 중 나에게 맞는 것을 찾는 것은 쉬운 일이 아니다.

고객이 해야 할 일은 이 모든 내용을 스스로 완벽하게 해내는 것이 아니다. 나의 상황을 제대로 분석하는 것부터 시작해야 한다. 분석해야 할 것 중 고객의 입장에서 가장 중요한 2가지부터 명확히 하자. 보험료와 보장 내용이 그것이다.

보장성보험의 보험료는 가계소득 또는 고정수입의 8~12% 범위를 추천한다(2019년 최저임금기준 월급이 약 174만 5,000원이므로 약

14~21만 원). 사회 초년생의 경우에는 6~7%를 추천하기도 하지만 나이가 어릴수록 보험료가 저렴하고 보장의 범위가 넓기 때문에 신중하게 판단하는 것이 중요하다. 그리고 보장성보험의 경우 1년의 100만 원에 대한 세액공제가 가능하다. 세액공제률은 13.2%로 월 8만 4,000원씩 보험료를 냈을 경우, 13만 2,000원의 세금을 환급받을 수 있다.

비갱신이 갱신보다 좋다고?

재무설계사는 보험 가입을 권유할 때 무조건 '비갱신형'이 좋다고 한다. 왜냐하면 보험료가 오르지 않기 때문이다. 그런데 이 말이 사실일까? 꼼꼼히 한번 따져 보자.

40세의 남자가 비갱신형 보험 20년납 100세 만기와 갱신형 보험 20년납 20년 만기 보험을 가입했다고 가정하고 각각의 상황을 비교해 보자.

우선 보험료이다. 비갱신형 보험은 보험료를 20년 동안 내지만 60년을 보장받는 것이기 때문에 간단히 생각하면, 그는 매달 3개월 치의 보험료를 납부하는 것과 같다. 반면 갱신형 보험은 이번 달의 보장을 받기 위해 이번 달 보험료만 내는 것이다. 게다가 40세 남성이 아픈 것보다는 60세 남성이 아플 확률이 크기에 비갱신형은 비쌀 수밖에 없다. 그러므로 당장의 보험료만을 생각한다면 갱신형 보험을 선택하는 것이 맞다.

그런데 두 번째로 생각해야 할 것이 20년 후이다. 만약 20년 내에 암이 걸린다면 갱신형 보험에 가입한 것이 가장 좋은 결과이다. 상대적으로 저렴한 보험료를 내고 암 진단금을 받았기 때문이다.

그런데 20년 동안 건강하다면 어떻게 될까? 보험에 따라 약간의 차이는 있겠지만 갱신형 보험은 환급금 없이 종료되고, 같은 조건의 보험을 약 3~4배 올라간 보험료로 가입해야 할 것이다. 비갱신형 보험은 올라간 보험료도 없고 환급금도 쌓여 있는 상황일 것이다.

갱신형 보험과 비갱신형 보험의 비교

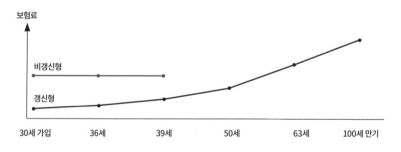

	갱신형 보험	비갱신형 보험
보험료	초기 보험료 저렴	납입 기간 내 보험료 동일
보험 기간	1년, 3년, 5년 단위로 갱신	갱신 없음
납입 기간	만기까지 납입	가입 시 설정한 특정기간 납입(10년, 20년 등)
보험료 변동	갱신 시 보험료 변동	납입 기간 동안 보험료 변동 없음

고객에게 있어 갱신형과 비갱신형의 장점은 다르다. 하지만 설계사에 있어서는 비갱신형 보험의 장점이 더 크다.

재무설계사를 오래할 생각이 있다면 보험료가 낮은 갱신형 보험을 가입해 주고 추후 갱신될 때 다시 제안해서 수수료를 받을 수 있겠지만, 설계사들의 재직 기간은 보통 길지 않다. 3년이 채 지나지 않아 90%의 재무설계사는 더 이상 그 일을 하지 않는다. 그러므로 그들은 보험료가 비싼 비갱신형 보험의 장점을 어필하며 그것을 판매하기 위해 노력한다.

우리는 편협한 재무설계사의 논리에서 벗어나 우리의 상황을 객관적으로 보아야 한다. 여러분의 소득은 계속해서 늘어나고 있고, 집안에 큰 질병을 앓은 사람이 없고, 나 또한 건강관리에 신경 쓰고 있다면, 내가 젊은 나이에 아플 가능성이 별로 없을 것이다. 그렇다면 비갱신형 보험에 가입하는 것을 추천한다. 반면에 소득이 시기에 따라 차이가 있고, 가족력과 나의 건강관리에 자신이 없다면 비갱신형 보험과 갱신형 보험을 함께 가져가는 것을 추천한다. 구성은 60세 이전과 60세 이후로 나누는 것이 좋다.

60세 이후에는 보험료를 낼 여력도 줄어들고 보험금도 많이 필요하지 않기 때문에 젊을 때 미리 보험료를 넣어 두고 60세 이후에는 보험료를 넣지 않아도 되는 비갱신형 보험을 추천한다. 그리고 필요한 보험금의 규모가 큰 60세 이전에는 모두 비갱신형 보험으로 하면 보험료 부담이 되니 갱신형 보험을 함께 가져가는 것을 추천한다.

우리는 미래의 불안한 상황을 대비해 앞서 저축보험을 나누는 것을 추천받았다. 100만 원 저축을 하다가 100만 원 저축을 깨는 것보다, 20만 원, 30만 원, 50만 원으로 각각 통장을 나누고 위급한 상황의 크기에 따라 첫 번째 통장을 깨는 것이 좋다는 논리였다. 그런데 왜 위험을 대비하는 것이 목적인 보험을 위험하게 한 곳에 몰아 두는가? 나의 보험을 들여다볼 차례이다.

TIP ///////

보험 리모델링 방법

■ **보험 리모델링을 해 준다고 하는 재무설계사의 말에 현혹되지 말라.**
- 예전 보험들이 더 저렴하면서 보장 범위도 더 넓다.
- 보장이 늘고 보험료가 저렴해졌다면, 보험 기간이 줄어들지 않았는지 의심하라.
■ **1개로 완성되는 만병통치 보험은 없다.**
- 나의 가족력을 알아야 나에게 맞는 보험을 설계할 수 있다.
■ **보장성보험의 규모는 가계소득 또는 고정수입의 8~12% 사이로 설계하라.**
- 납입한 보험료, 최대 100만 원에 대해서 13.2%의 세액공제가 가능하다(2019년에 200만 원으로 규모를 확대하자는 법안이 국회에서 발의되었다).

보험 나이의 중요성(상령일)

보험료는 성별과 나이에 따라서 결정된다. 나이가 들수록 보험료는 올라가는데 1살 차이로 같은 보험을 가입하는데도 3% 내외의 차이가 발생할 수 있다(성별에 따른 보험료의 차이는 보장에 따라 남자가 높거나 아니면 여자가 높은 경우도 있다). 이때 중요한 것이 보험 나이다. 보험 나이는 생일이 지날 때마다 올라가는 것이 아니라 생일+6개월이 지났을 때 올라간다. 이를 보험에서는 상령일이라고 하고, 상령일이 지날 때마다 보험 나이를 1살씩 올리는 것이다. 가령 1월 1일이 생일인 사람이 있다면 7월 1일부터 상령일이 지나므로 그때부터 보험 나이를 1살 더 추가하게 된다.

준비해야 할 보험금 = 생활비 ×60개월

생활비를 매월 100만 원 쓰는 사람의 경우 위 공식을 대입하면 암 진단금으로 6,000만 원을 준비해야 한다. 가족력이 있고 건강에 우려가 있는 사람은 6,000만 원으로 부족하다는 생각도 들 것이다. 그런데 이 6,000만 원을 모두 비갱신형으로 준비한다면 보험료가 부담될 것이다. 이때는 퇴직한 이후에도 6,000만 원이 필요할까를 생각해 보아야 한다.

65세에 퇴직한다고 가정할 때 그 이전에는 6,000만 원도 모자라겠지만, 그 이후에는 그 절반인 3,000만 원으로 병원비 및 요양비를 써도 충분할 것이다.

그러므로 비갱신형 암보험 3,000만 원+갱신형 암보험 3,000만 원을 가입하는 것이 그에게 경제적으로 보다 이득일 것이다.

다 돌려받지 못하는
해지환급금

돈이 필요한 순간, 군대 시절 우체국에 방문했다가 좋다고 해서 가입한 보험이 생각났다. 매년 4만 원씩 이미 10년간 부은 보험이었다. 그 기간 동안 건강에 별다른 이상신호가 없었던 덕분에(?) 보험금을 한 번도 청구한 적도 없었다.

필자는 '가입 기간이 오래 되었으니 그래도 보험료를 많이 돌려받을 수 있겠지' 생각하고 콜센터에 전화를 했다. 콜센터 상담사는 환급률(해지 시 받을 수 있는 금액÷납입한 전체 보험료×100%)은 약 70%이므로 납입한 보험료 480만 원 중 336만 원 정도를 돌려받을 수 있다고 했다. 겨우 원금의 70%가량만 준다는 말에 황당했지만, 나는 돈이 필요했기에 결국 보험을 해지할 수밖에 없었다.

돈이 급하게 필요할 때 이렇게 보험을 해약하는 경우가 많다. 위에서 예시로 든 70% 환급률은 보장성보험 중에서는 그나마 높은 편이다. 갱신형 보험으로 가입한 경우에는 환급률이 10%도 되지 않는 경우도 있다. 보험은 대부분 보장 내용이 있다. 그리고 그 보장 내용을 보상해 주기 위해서 비용을 매달 지불하게 되어 있다.

대표적인 비갱신형 보험은 20년납 80세 만기로 이루어져 있다. 이 말은 20년만 보험료를 납입하면 80세까지 가입한 내용에 대해서 보험금을 지급한다는 뜻이다. 만약 고객이 20살 때 이 보험에 가입했다면 20년을 내고 60년을 보장받는 것이다. 그러므로 10년 동안 보험료를 내고 나서 해지했다면 나는 사실상 30년 보장받을 수 있는 보험료를 낸 것이기 때문에 20년에 해당하는 분은 돌려받을 수 있는 것이다(여기에 이자, 사업비 등 영향을 미치는 요소가 더 있지만 최대한 단순하게 설명했다). 반면에 대표적인 갱신형 보험인 10년납 10년 만기 상품은 보험료를 낸 기간 동안만 보험을 보장하는 것이기 때문에 미리 낸 것이 거의 없다. 그러므로 해지환급금도 거의 없다고 보아야 한다.

내가 낸 돈을 만기 시에 다 돌려받을 수 있는 '만기환급형 보험'이라는 것도 있다. 그런데 이것은 내가 내는 보험료 대비 보장이 상대적으로 낮다. 그리고 만기라는 것은 내가 보험료를 다 낸 때가 아니라 보험의 효력이 끝나는 때를 말한다. 즉, 20년납 80세 만기라고 하면 보험료 납입을 끝낸 20년이 아니라 80세에 만기환급금을 지급한다는 뜻이다. 그러므로 보험료 납입을 하고서 중간에 해지해 보험료를 돌려받을 생각을 하고 있다면 보험 가입 시 받은 '해지환급금 표'를 꼭 다시 확인하기 바란다.

그리고 만기환급형 보험의 또 다른 문제점은 만기 시 환급금을 지급하기 위해 순수하게 보장만 해 주는 보험에 비해서 보험료가 비싸다는 것이다. 그래서 같은 보험료를 냈을 때 보장받는 보험료도 적다. 하지만 재무설계사가 이러한 내용을 자세히 설명해 주지 않는 경우가 적지 않다.

보험은 미래에 다가올 수 있는 위험에 대한 불안에 비용을 지불하는 것이다. 질병이나 사고 등이 발생하지 않더라도 내가 월 10만 원을 내서 안정감을 살 수 있다면 지불하는 것이다. 그런데 그 안정감을 사기 위한 비용 때문에 본인이 불안해지고 심지어 해약을 생각한다면 고객은 도대체 왜 보험에 가입한 것일까? 그러므로 가입 시에 무엇보다 신중해야 하는 금융상품이 보험이다. 잘못된 선택으로 해지를 하게 되었을 때 손해도 가장 크다. 그러므로 감당할 금액으로 해지할 생각을 하지 않고 가입하는 것이 맞다.

그럼에도 불구하고 부득이하게 보험을 해지해야 할 경우도 있다. 이때는 다음의 순서를 지키자.

일단 저축성보험을 우선적으로 해지하고 그다음에 보장성보험을 해지하라.

보험을 해지할 때는 현재의 보험료 납입이 부담되거나 급한 돈이 필요할 경우가 대부분이다. 저축성보험의 보험료는 대부분 최저보험료가 10만 원으로 책정되어 있기 때문에 보장성보험에 비해서 보험료도 높고 환급률도 (상품과 가입 조건에 따라 다르지만) 1년 이상 납입하면 70%가 넘는다.

그리고 사용하지 않는 보험을 찾자. 운전을 하지 않는데 운전자보험에 가입하고, 이미 이사를 했음에도 불구하고 이전 집 화재보험을 가지고 있고, 폐차를 했는데 자동차보험을 해지하지 않은 경우가 있다. 해지하면 더 이상 필요 없는 보험료도 내지 않고 환급금도 있으므로 빨리 정리하는 것이 좋다.

보장성보험은 해지를 고려한다면 꼭 보장 내용을 다시 살펴보아야 한다. 보장 내용이 변경된다는 뉴스를 가끔 들어보았을 것이다. 가령 2004년 이전에 가입한 생명보험의 수술특약의 경우 '치조골이식수술'이 보장된다. 이 말은 치과에서 임플란트를 할 때 골이식을 함께하면 보험금을 지급한다는 의미이다. 그리고 2008년 이전에 가입한 암보험의 경우에는 갑상선암에 걸리면 가입 금액을 그대로 주지만 이후에는 가입 금액의 10%를 지급한다. 이 말은 2007년과 2017년에 각 암 진단금 1,000만 원이 지급되는 보험에 가입했는데 2018년에 갑상선암이 발생하면 2007년 보험에서는 1,000만 원, 2017년 보험에서는 100만 원이 지급된다는 뜻이다. 이처럼 놓쳐서는 안 되는 보장 내용들이 있기 때문에 그것들을 잘 살피고 나서 해지를 결정하는 것이 좋다. 그리고 주 계약을 감액하거나, 특약만 삭제하는 방법 등 다양한 리모델링 방법이 있으니 함께 고려해야 한다.

가입할 때는 쉬웠던 보험이지만 해지할 때는 어렵다. 금전적 손해도 커서 억울할 뿐 아니라, 해지한다고 하면 주변에서는 손사래를 치니 말이다.

그러므로 보험 가입 시점부터 신경 써서 가입해야 하지만, 부득이
해지해야 할 때는 반드시 가입할 때보다 2배 이상의 시간을 들여서
고민하고 결정하기를 바란다. 그래야 후회하는 일이 생기지 않는다.

보험 해지 전 확인 사항

- '만기환급형 보험' 때문에 보험을 해지하더라도 100% 환급받을 수 있다는 생
  각을 하는 경우가 있다. 보험은 보장하는 내용에 대해서 비용을 지불하는 형태
  로 되어 있어 단기간에 100%가 되는 경우는 없다. '내 보험료는 다 돌려받을
  수 있다'는 생각을 버려라.
- 보험은 해지하는 순간 손해다. 해지하기 전 다양한 방법을 찾아보라.
- 그럼에도 불구하고 해지해야 한다면, 저축성보험 → 필요 없는 보장성보험 →
  보장성보험의 특약 부분 → 전체 해지의 순서로 검토한다.

해지한다고 하니
찾아오는 그들

자신이 계획한 대로 세상을 살 수 있다면 금융상품, 특히 보험은 필요하지 않을 것이다. 그런데 아이러니하게도 예측 불가능한 미래를 대비하기 위해 가입한 상품들이 나의 미래를 힘들게 할 때가 있다. 재무설계사와 함께 설계한 포트폴리오처럼 인생이 살아지지가 않는 것이다.

이럴 때 어떻게 해야 할 것인가의 플랜 B가 있어야 하는데 그렇지 못한 경우가 많다. 그러면 우선 가입한 상품을 해지부터 하는 경우가 종종 있다. 그런데 앞서도 말했다시피 보험 해지는 무조건 손해다. 그러므로 해지 이외의 방법을 통해서 나의 소중한 돈을 지키는 방법을 알아보자.

중도 인출이 가능한지 확인하자

〈A 씨의 현재 상황〉
■ 결혼을 눈앞에 둔 남성
■ 유니버셜종신보험 20년납 상품에 가입
■ 월 보험료 30만 원을 3년간 납입
■ 납입 보험료 약 1,000만 원

A 씨에게 좋은 인연과 함께 결혼식이라는 현실이 눈앞에 다가왔다. 돈을 찾아야 했다. 그때 가입 당시 했던 재무설계사의 말이 떠올랐다.

"지금 가입하는 종신보험 상품은 '유니버셜' 기능이 있어요."

그래서 사망 보장이 있는 동시에 보험료의 납입과 중지 그리고 중도 인출을 자유롭게 할 수 있다고 하였다. 비싼 상품은 이유가 있는 것이라며, 장기간 운용하면 연금보다 좋은 상품이라고 적극 추천해 가입했었다.

A 씨는 목돈 중 일부라도 모여 있어 다행이라는 생각이 들었다. 하지만 '이제까지 납입한 보험료 1,000만 원을 중도 인출해서 예식장 비용으로 충당해야지'라고 생각하고 콜센터에 전화한 순간 다행이라고 생각한 마음은 산산조각이 되어 버렸다. 콜센터 담당자가 말하는

중도 인출 기준에는 A 씨가 듣지 못한 조건 3가지가 추가되어 있었던 것이다.

① 의무 납입 기간 5년

중도 인출을 하기 위해서는 '의무 납입 기간' 5년, 즉 60회 납입이 이루어져야 한다는 설명이었다. 가입하고 3년밖에 되지 않은 A 씨는 2년을 더 납입해야 중도 인출이 가능한 것이다. 게다가 보험료의 납입 중지도 마찬가지로 5년이 지나야 했다.

② 납입 금액이 아닌 해지환급금

문제는 여기서 끝이 아니었다. 혹, A 씨가 5년이라는 기간을 채웠다고 하더라도 출금할 수 있는 금액은 그가 납입한 보험료 전부가 아니라 '해지환급금'이 기준이 되었다(해지환급금은 지금 보험을 해지한다고 가정했을 때 가입자에게 되돌려 주는 금액을 말한다).

A 씨를 30세라고 가정하면, 3년간 보험료 납입 후 해지환급률은 약 50%다. A 씨가 예상했던 인출액은 1,000만 원이었는데 500만 원으로 줄어든 것이다. 게다가 1회 출금 시 해지환급금의 50%까지 가능하기 때문에 500만 원을 출금하기 위해서는 1회 250만 원, 2회 125만 원, 3회 62만 5,000원 등으로 나누어서 출금해야 한다.

③ 기본보험료 1년

A 씨는 의무 납입 기간 5년을 채우지 못해, 출금이 불가능한 상황이다. 설령 출금이 가능하다고 하더라도 납입한 보험료 중에서 50% 밖에 출금하지 못한다. 이것도 심각한 상황인데, 여기에 한 가지 조건이 더 붙는다. 기본 보험료의 1년 치는 항상 적립해 두어야 한다는 조건이다. 그렇기 때문에 A 씨는 해지환급금 500만 원 중 자신이 내는 월 보험료 30만 원의 1년 치인 360만 원 이상을 적립해 두어야 한다. 결국 A 씨는 단돈 140만 원만 출금할 수 있는 것이다.

이게 웬 말이란 말인가. A 씨는 화가 나서 재무설계사에게 따졌지만 그는 설명했다는 말만 앵무새처럼 반복했다.

물론 이러한 결과가 발생하지 않게 하는 방법이 있다. 그것은 월 납입 보험료 30만 원을 기본 보험료 10만 원에 추가 납입 보험료 20만 원으로 변경하는 것이다

추가 납입 200%를 활용하여 가입할 경우 30세 남성의 해지환급률은 84%, 즉 840만 원으로 올라가게 된다. 게다가 추가 납입 보험료에 대해서는 의무 납입 기간 5년이 부과되지 않는다. 단, 1년 치 기본 보험료 이상만 출금 가능한 것은 같다.

만약 A 씨가 이런 식으로 보험에 가입했다면, 그는 현재 해지환급금 840만 원 중에서 기본보험료 1년 치인 120만 원을 제외한 720만 원이 출금 가능해지게 된다.

추가 납입 200% 활용은 드라마틱한 결과를 만들어 낸다. 보험은

기본이 보장이다. 유니버셜종신보험도 사망보험금을 지급하는 생명보험이다. 그렇기 때문에 100% 환급과 내가 원하는 이자가 붙는 데는 시간이 걸린다.

보험 보장과 인출 기능을 모두 가져가려면 가입 시에 추가 납입가능 규모와 나의 납입 가능한 보험료를 좀 더 신중하게 확인하여야한다.

시기에 따라서 납입한 보험료를 돌려받는 방법

〈A 씨의 현재 상황〉
- 어머니 친구가 추천해 준 저축연금과 암보험 가입
- 월 보험료 20만 원 + 6만 원
- 가입 후 2개월 2주 경과
- 납입 보험료 52만 원

1개월 이내: 철회

A 씨는 결혼 준비를 위해 월 30만 원짜리 적금 상품에 가입하였다. 그러고 나서 그 사실을 친구에게 말하였더니 친구는 칭찬은커녕 우려 섞인 소리를 했다.

"내가 너 소비 습관을 아는데……. 이번 달부터 연금보험과 암보험도 들었다며. 거기에 적금 30만 원까지 불입할 수 있겠어? 어머니께 말씀드리고 연금을 철회하거나 저축금액을 조정하는 게 좋을 것 같아."

그러고는 보험 상품의 경우에는 가입한 날로부터 한 달 이내라면 단순변심이라도 이미 납입한 보험료를 다 돌려받을 수 있는 '철회'라는 것이 있다는 것을 알려 주었다.

그날 밤 A 씨는 어머니에게 앞에 가입한 연금을 철회하고 싶다고 말하자 꼭 필요한 상품이고 본인의 체면을 말씀하셔서 결국 철회를 할 수 없었다. A 씨는 어쩔 수 없다고 생각하며, 소비를 줄여서 꼭 2가지 저축 모두를 해 나가리라 다짐했다.

3개월 이내: 품질보증

하지만 친구의 우려는 현실이 되었다. 월급날이 되자 A 씨의 통장에서는 카드대금과 공과금, 휴대폰 요금, 거기다 보험료까지 빠져나갔다. 그러다 보니 마지막으로 나가야 할 적금이 나가지 못했다.

A 씨는 정말 당황스러웠다. 연금보험과 암보험, 그리고 적금을 들기 전에는 보통 30~40만 원가량의 돈이 통장에 남았고 그것으로 경조사비와 현금 소비를 했었는데, 이제는 저축을 하고 있다지만 (일부는 그것도 제대로 하지 못한 채) 통장의 숫자가 0을 가리켜 버리니 한숨밖에 나오지 않았다.

친구는 자산관리의 시작은 지출 관리이기 때문에 본인의 지출을 제대로 파악하지 못한 상태에서 시작하는 저축은 결국 제대로 만기를 채우지 못하는 경우가 많다고 조언하였다. 그렇게 되면 돈은 돈대로 모으지 못하고, 스트레스까지 받는 것이라고 했다.

그러면서 친구는 가입한 상품에 대해서 연금증권은 수령하였는지, 사인은 A 씨가 직접 한 것이 맞느냐고 물어보았다. 생각해 보니 사인은 A 씨가 한 것이 맞지만, 중요한 설명에 대해서는 자신이 직접 들은 것이 아니라 어머니께서 들으셨고, A 씨에게는 단순히 연금이라고만 말씀해 주셨을 뿐이었다.

이 말을 들은 친구는 그것은 설계사가 '약관의 중요한 내용을 설명해야 할 의무'를 지키지 않은 것으로 '3대 기본 지키기'를 위반해 품질보증 사유에 해당한다고 했다. 다행히 연금보험을 가입하고 나서 아직 3개월이 지나지 않았으니 본사 콜센터를 통해서 품질보증을 해 줄 것을 주장하라고 말해 주었다. 그 뒤 A 씨는 친구의 밑처럼 품질보증을 통해서 가입한 연금의 보험료를 모두 돌려받을 수 있었다.

A 씨는 그것을 계기로 가입했었던 상품에 대해 다시 제대로 살펴보았다. 그랬더니 어머니를 통해 A 씨가 사인한 상품은 연금저축보험이었고, 원금이 회복되는 데만도 7년이나 걸린다는 사실을 알게 되었다. 만약 그 상품을 품질보증으로 해지 처리하지 못했더라면 A 씨는 납입한 보험료 전부를 돌려받기 위해 '민원해지'와 같은 극단적인 방법을 쓸 수밖에 없었을 것이다.

내가 힘들게 번 돈이다. 그 돈을 지키고, 모으는 데 대충이라는 것이 있어서는 안 된다.

금융감독원에 도움을 요청하라

보험사에서 '자동차 대인 손해사정인'으로 일한 적이 있었다. 보험사 소속 손해사정인들은 피해자 또는 피보험자의 보험금을 산정하는 일을 한다. 더 쉽게 말해 우리 보험사에 가입한 고객으로 인해 피해를 입은 피해자에게 치료비와 합의금을 지급하는 일을 하는 것이다.

이 일을 시작한 이후로 텔레비전에서 '나이롱환자' 관련 뉴스만 뜨면 주변에서는 나를 불쌍하게 바라보았다. 그런데 내가 겁냈던 것은 나이롱환자가 아니었다. 나이롱환자는 적당한 합의금을 제시하거나 강한 압박을 주면 해결이 되었다. 하지만 '녹음기환자'들은 높은 합의금을 받을 수 있는 구실을 만들기에 여념이 없어서 두려운 존재들이었다. 전화, 면담이 모두 녹음되었음은 물론이고, 병원 사무장과 기존 입원 환자를 통해서 나에게 불리한 정보를 모으기 바빴다.

그들은 왜 그런 것일까? 무기를 쓸 곳을 알고 있었기 때문이다. 그들은 1차적으로 내가 일하는 보험사에 민원을 제기했다. 그래도 원하는 결과가 나오지 않으면 금융감독원에 민원을 제기했다. 금융감독원 민원이 들어오면 회사에서 소속팀으로 연락이 온다. 메시지는 간결하다. 어떻게 해서든 민원을 취하하게 하거나 빠르게 해결하라는 메시지이다. 지금은 그렇지 않겠지만 당시에는 금융감독원 민원을 해결하기 위해 팀에서 비용을 모아 상품권을 민원인에게 전달한 적도 있었다.

그럼 금융회사는 왜 이렇게 금융감독원 민원을 무서워할까? 2014년까지 금융감독원에서는 '민원발생평가등급'을 만들었다. 현재는 금융감독원 홈페이지(www.fss.or.kr)에 들어가 민원발생동향분석을 확인하면 각 '금융회사별 민원건수'를 확인할 수 있다(금융감독원 → 금융소비자보호처 → 금융회사별 민원/제재현황).

이미지를 중요시하는 금융회사에서 5등급이라는 '주홍글씨'는 결코 받아들일 수 없다. 그래서 금융회사들은 자신들이 잘못하지 않은 경우에도 민원을 빠른 시간 안에 해결하기 위해 민원인과 합의에 들어가는 경우도 있다. 이 제도는 점점 수정되고 있지만, 이 제도를 악용하는 악성 민원인도 증가하고 있는 추세이다. 불가피하게 보험사와 분쟁이 생긴다면 다음과 같은 순서로 해결하라.

① 금융감독원 콜센터

인터넷 검색을 통해 얻는 정보들의 가장 큰 문제 중 하나는 신뢰할 수 없는 정보가 많다는 것이다. 우선은 신뢰할 수 있는 곳에 연락을 취해야 한다.

금융감독원에서 운영하는 콜센터(국번 없이 1332)가 있다. '불완전

판매'와 같이 금융회사에서 잘못된 정보를 주어 피해를 입었을 때 여기로 전화를 해 상담을 받을 수 있다. 또한 보이스피싱 및 불법사금융 피해 시에도 상담 및 신고가 가능하니 민원 발생 시 처음 접촉하기에 좋은 곳이다.

② E-금융민원센터

금융감독원 콜센터를 통해 해결이 안 된다면 본격적으로 공공력을 행사할 수 있는 기관과 접촉을 해야 할 때이다. 금융감독원 E-금융민원센터(https://www.fcsc.kr/D/fu_d_04.jsp)에 들어가면 '민원신청'이 나온다. 민원신청은 단순한 상담이 아니라 우리의 상황을 설명할 수 있는 글과 증거자료들을 제출하면 금융감독원이 정식으로 금융회사에 소명을 지시하는 단계이다. 민원신청을 통해 금융회사로부터 피해받은 사항에 대해서 조정받을 수 있다.

하지만 금융민원센터에서 모든 금융소비자와 금융회사 간의 사안을 조정해 주면 좋겠지만, 그 처리를 모두 해 주는 것에는 한계가 있다. 그래서 여타 다른 기관들이 존재한다. '이 건은 우리 부서에서 처리하는 것이 아니라 OO에서 처리하므로 거기로 문의하셔야 합니다'라는 메시지를 받지 않으려면 콜센터 1332로 전화해서 본인의 민원이 정확히 어디에서 해결될 수 있는지를 확인하는 것이 좋다.

민원별 처리 기관

민원 신청	신청 내용
금융민원 신청하기	금융소비자와 은행, 보험, 증권 등 금융회사 간의 분쟁 또는 조정이 필요한 사항
국민신문고	금융위원회(금융정보분석원 포함) 소관 법령 및 업무와 신용보증기금, 기술신용보증기금, 예금보험공사, 한국자산관리공사, 한국주택금융공사, 한국거래소, 산업은행, 농림수산업자신용보증기금 등과 관련된 민원
과학기술정보통신부	우체국
새마을금고중앙회	새마을금고
과실비율민원센터	자동차보험 과실비율

③ 금융감독원 분쟁조정 또는 민사소송

분쟁조정은 법으로 판단하기 전 비용 및 시간 부담이 덜하지만 효력은 소송과 같이 해 주는 것을 의미한다. 하지만 일반인인 우리와 항상 법을 다루는 금융회사 담당자 간의 다툼은 쉬운 일이 아니다.

우선 금융감독원을 통해 분쟁조정을 하기로 마음먹었다면, '금융감독원·금융소비자보호처'에서 제공하는 '분쟁조정사례'와 '금융분쟁판례'를 검색해야 한다. 그래서 유사 사례 및 판례가 있는지 확인하고 승소의 가능성이 있다고 판단했을 때 진행해야 한다.

이는 혼자서 하기 힘든 과정이므로 법률구조공단에서 제공하는 콜센터(국번 없이 132) 또는 사이버상담을 적극적으로 활용해 보길 추천한다. 각 시·군·구청에서도 '무료 법률 상담'을 지원하고 있으니 그런 곳들도 활용해 보면 좋다.

유전자 검사를
무료로 받게 해 준다고?

미국의 영화배우 안젤리나 졸리의 유방절제 소식은 상당한 충격이었다. 『타임지(Times)』에서도 'The Angelina Effect(안젤리나 효과)'라고 할 만큼 그 여파는 상당했다. 그녀가 이러한 결정을 하게 된 가장 큰 이유는 유전자 검사 결과였다.

그녀의 어머니는 난소암으로 사망하였는데, 안젤리나 졸리 역시 유전자 검사 결과 'BRCA1' 유전자가 발견된 것이다. 해당 유전자를 보유하고 있을 때 유방암에 걸릴 확률은 87%이지만, 예방적 유방절제술을 받으면 5%까지 떨어진다. 그녀는 자신의 아이들을 위해 수술을 결심하였다고 한다.

그 여파는 우리나라에까지 퍼져서 BRCA 검사는 7년 만에 10배, 예방적 유방절제술은 4년 내 6배 증가했다고 한다. 여기에 대해 부정적인 메시지도 있다. 유방암 발병을 막기 위해 꼭 그 방법밖에 없는 것인가 하는 것이다. 그리고 수술의 성공률과 수술 자체의 위험성에 대한 경고 또한 있다.

이 모든 의견에도 불구하고 한 가지 장점은 확실하다. 미래에 발생할 가능성이 높은 질병에 대해서 미리 대비할 수 있다는 것이다. 거기에는 안젤리나 졸리가 했던 예방적 수술뿐만 아니라 보험까지 포함된다. 그래서 재무설계사 입장에서는 안젤리나 졸리의 예방적 유방절제술이 희소식이다.

보험은 성별, 연령으로 집단을 설정하고 해당 집단의 질병 발생 가능성으로 보험료를 책정한다. 그런데 개인적으로 질병 발생 가능성이 높은 사람이 있다면 그 사람은 저렴한 보험료로 미래를 대비할 수 있게 되는 것이다. 그전에 한 가지만 해결되면 된다. 유전자 검사가 저렴하기만 하면 되는 것이다.

안젤리나 졸리가 검사를 받은 시기는 초기여서 1억 원 넘는 비용이 들었지만 요즈음에는 10만~50만 원이면 가능하다. 그것도 의료기관 방문 없이 집에서도 할 수 있으며(DTC[Direct To Consumer] 유전자 검사: 소비자가 의료기관을 거치지 않고 유전자 검사기관에 직접 검사를 의뢰하는 방식), 10만 원 이하의 비용으로 검사를 진행해 주는 곳도 생겨나고 있다. 이를 이용하여 보험사에서는 '유전자 마케팅'이라는 이름을 걸고 유전자 검사를 보험에 활용하고 있다. 무료 또는 저비용으로 고객에게 유전자 검사를 받을 수 있도록 해 주고 발병 가능성이 높은 질병에 대해서 보험 가입을 유도하는 것이다. '보험 유전자 마케팅'이라고 인터넷 검색창에 입력하면 해당 사례와 재무설계사를 위한 교육까지 다양한 결과가 나올 것이다.

하지만 이는 공포 마케팅에 불과하다. 우리나라의 유전자 검사의 범위는 건강 증진과 뷰티 영역에 제한된 경우가 많다. 게다가 단일 유전자와 특정 질환을 연결시키는 것에 대해서 전문가들은 바람직하지 않다고 공식 의견을 밝혔다.

세계보건기구 산하 국제암연구소의 보고에 따르면, 암 사망 원인의 30%는 흡연, 30%는 식이요인, 18%는 만성감염에 기인한다고 하였으며, 1~5%는 직업, 유전, 음주, 생식요인 및 호르몬, 방사선, 환경오염 등의 요인도 기여하는 것으로 알려져 있다. 즉 유전적 요인보다 후천적 환경이 큰 것이다. 유전으로 인한 유방암 또한 전체 유방암 환자의 5~10%에 불과하다고 한다. 유전이 암 사망의 절대적 요소라 할 수 없는 것이다.

그러므로 재무설계사가 무료로 유전자 검사를 지원해 주겠다고 하면 한번 생각해 보아야 한다. 거듭 말하지만 세상에 공짜는 없기 때문이다. 오히려 만약 유전자 검사 결과 몇 가지 수치가 좋지 않게 나온다면 나의 유전 상황을 받아들이고 환경을 개선하는 데 집중하라고 하기보다 재무설계사는 얼른 보험 가입을 서둘러야 한다고 재촉할 것이 분명하다.

세상에 100% 확실한 것은 하나뿐이다. '사람은 죽는다'는 것. 그 외에 무조건적인 것은 없다. 따라서 유전자 검사의 결과가 나쁘다 하더라도 그것 때문에 무작정 보험을 가입하는 것은 말이 되지 않는다. 그것은 보험을 가입하려고 할 때 고려하는 한 가지 요소여야만 한다.

재무설계사가 제안하는 무료 유전자 검사에 현혹되지 말자. 그리고 검사 결과가 나온다면 그 결과를 100% 받아들이기보다 먼저 해당 질병과 예방책에 대해서 알아보는 편이 낫다.

TIP

건강과 질병 정보 확인하기
- 서울대학교병원
  http://www.snuh.org/health/compreDis/compreDis.do
- 서울아산병원
  http://www.amc.seoul.kr/asan/healthinfo/main/healthInfoMain.do
- 삼성서울병원
  http://www.samsunghospital.com/home/healthInfo/main.do

7장

나에게 맞는
부동산을 추천해 준다는
거짓말

부동산의 시작은
청약통장과 신용등급 관리

　무주택자들에게 부동산은 괴로운 짝사랑과도 같다. 내 집 마련을 처음 생각할 때는 너무 비싸서 엄두를 낼 수 없을 것 같다가도, 대출이 있으니 가능성이 있지 않을까 생각하다가, 다시 빚 때문에 고생하고 있는 주변 사람들 때문에 겁을 먹었다가, 그래도 내 집은 있어야지 하며 결심을 굳혔는데 '부동산 가격 거품론'이라는 기사를 보면 마음이 금방 내려앉아 버리기 때문이다.

　부동산은 대부분의 사람에게 있어 가장 비싼 상품 중 하나다. 그렇기 때문에 부자 방법도 많고 각 투자 방법마다 고려해야 할 것도 많다.

　'매매'의 관점에서만 보더라도 '아파트나 주택 등 무엇을 살 것인지?' '바로 구매할지 또는 청약 제도를 활용할 것인지?' '100퍼센트 현금으로 해결할 것인지 또는 대출을 활용할지?' 등 선택해야 할 사항이 많다.

부동산 투자 분야

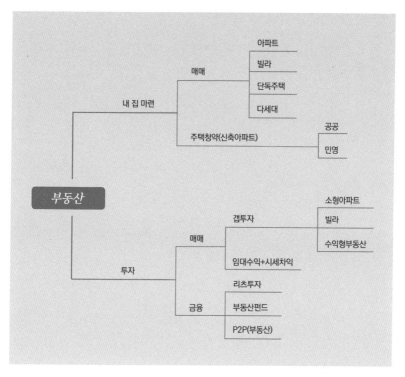

이 질문들의 해답을 구하려면 정보를 수집해야 한다. 정보를 수집하고 생각하는 것은 자동차에 연료를 채우는 행동과 같기 때문이다. 결국 시동을 걸고 액셀러레이터를 밟지 않으면 자동차가 앞으로 나아갈 수 없다.

부동산의 첫걸음은 청약통장 마련과 신용등급 관리라 할 수 있다.

주택청약종합저축에 가입하라

월급을 받기 시작하면 "주택청약통장부터 가입해야 한다"는 이야기를 주변에서 들은 적이 있을 것이다. 쉽게 말해서 주택청약통장은 새롭게 지어지는 아파트에 지원할 수 있는 자격을 주는 통장을 의미한다. 이 통장을 가지고 있는 사람만 신규 아파트를 지원할 수 있는 것이다. 이렇게 아파트 지원 자격을 제한하는 이유는 '로또 청약'이라는 단어를 떠올리면 쉽게 이해할 수 있을 것이다.

우리나라의 아파트 공급은 충분한 적이 없다고 해도 과언이 아니다. 특히 수도권은 더욱 공급량이 적어서 신규 아파트가 공급되면 인기가 높을 수밖에 없다. 게다가 분양가가 주변 아파트의 시세보다 30~40% 싸기 때문에 아파트 청약에 당첨되면 1억~3억 원의 프리미엄이 붙는 경우가 많다. 그렇기 때문에 신규 아파트를 살 수 있는 자격이 주어지는 주택 청약이 로또 청약이라는 말이 나오는 것이다.

하지만 주택 청약에 가입해 그 자격은 받는 것은 너무나도 쉽다. 그래서 변별력을 갖추기 위해 조건을 제시하고 조건 충족 여부에 따라 1순위, 2순위, 3순위를 나누고 그들 사이에서 경쟁을 시킨다. 1순위 조건은 공급 기관(공공 vs 민영), 크기(85㎡ 이하, 102㎡ 이하), 공급 방법(일반 공급 vs 특별 공급) 등에 따라 다양하게 제시된다.

서울에 거주하는 사람이 민영 아파트에 지원할 경우 일반적인 경우 가입 기간 2년과 예치금 300만 원(85㎡ 이하)이라는 두 가지 조건을 만족하면 1순위가 된다. 그러므로 신규 아파트에 당첨되어서 살고자 한다면 우선 주택청약종합통장에 최소 매월 2만 원씩 24회를 입금하여 청약 1순위를 만드는 것부터 시작하자. 하지만 대부분의 지원자가 이 요건을 채운 경우가 많기 때문에 진정 당첨되기 위해서는 가점 계산과 선정 방식에 대해서 공부하려는 노력이 필요하다.

또한 위와 같이 1순위 조건을 갖추고 청약 신청을 하지 않더라도 청약통장은 또 다른 매력이 있다. 그것은 한국주택금융공사에서 취급하는 '내 집 마련 디딤돌 대출'을 받을 때 우대금리를 받을 수 있다는 것이다. 까다로운 조건을 넘으면 최대 2억 4,000만 원까지 대출받을 수 있는데, 이때 청약통장이 있으면 최대 0.2%의 금리를 우대해주는 것이다. 이 말은 2억 4,000만 원의 0.2%, 즉 연 이자 48만 원을 매년 아낄 수 있다는 의미이다.

원금과 이자를 동시에 상환하는 방식이기 때문에 정확한 금액을 계산하기는 어렵지만, 단순히 10년간 원금 상환 없이 48만 원의 이자 혜택을 받는다고 가정하면 그 금액은 480만 원에 이른다. 대출 기간을 30년으로도 할 수 있기 때문에 청약통장을 가입해 둔 것만으로도 큰 이익을 얻을 수 있는 것이다. 이 정도라면 가입할 이유가 충분한 상품이다.

그 외에도 주택청약통장은 보통 시중의 예·적금 상품보다 금리가 좀 더 높고, 소득공제가 가능하다. 그래서 연간 240만 원을 불입했을 때 그중 40%인 96만 원까지 소득공제 혜택을 받을 수 있다.

신용등급이 뭐기에

돈이 필요하던 중 신용대출을 알게 되었다. 여러 정보를 통해 드디어 3.38%라는 저리의 신용대출을 찾았다. 그런데 그 대출을 받을 수 없는 상황을 만났다. 그 이유는 바로 신용등급 때문이다. '신용등급' 그게 도대체 뭐기에 3%의 신용대출이 아닌 11%의 신용대출을 울며 겨자 먹기로 받아야 하는 것일까?

은행들은 보통 신용평가사들이 매기는 개인신용 평가등급에 따라 금리 차이를 두는데, 적게는 3%에서 많게는 11%까지 8%가량 차이가 난다. 이 말은 1,000만 원을 신용대출 받았을 때 1등급이 30만 원의 이자를 낸다면 10등급은 110만 원의 이자를 내야 한다는 뜻이다. 80만 원의 의미를 부여하면 매일 아침 2,000원짜리 아메리카노를 1년이나 먹고도 8만 원이 남는 돈이다.

개인 신용등급의 사전적 정의는 개인의 신용정보를 수집하여 1~10등급까지 분류하는 것을 말한다. 우리나라는 NICE신용정보 (www.niceamc.co.kr)와 올크레딧(www.allcredit.co.kr) 두 곳에서 개인의 신용등급을 평가하고 있다. 그리고 이렇게 각 개인에게 매겨진 신용등급 점수는 금융사에서 활용한다.

특히 요즈음 2~3장씩은 가지고 있는 신용카드를 만들 때도 신용등급이 적용된다. 신용카드는 일종의 외상거래이기 때문에 신용이 낮은 개인에게는 발급이 되지 않는 것이다. 금융위원회에서 발표한 '신용카드 발급 기준'에서도 1~6등급 이내의 신용등급을 갖춘 사람에게 만 카드 발급을 가능하게 하고 있다.

개인 신용등급은 1~2등급은 우량, 3~6등급은 일반, 7~8등급은 주의군, 9~10등급은 위험군으로 분류된다. 9~10등급에 해당하는 사람이 제1금융권에서 신용대출을 받기 위해서는 상환 능력을 입증할수 있는 객관적인 자료를 제출해야 하므로 사실상 쉽지 않다. 그러니 사전에 신용등급을 관리하는 것이 중요하다.

간혹 "난 대출도 없고 연체도 없으니까 신용등급이 높을 거야"라고 말하는 사람들이 있는데, 이런 사람들의 경우 대체로 일반등급의 마지노선인 4~6등급에 해당한다. 이유는 신용정보가 없기 때문이다. 오히려 학자금대출을 받고 매달 연체 없이 정기적으로 상환하고 있는 사람의 경우에 1~2등급이 나온다.

또한 신용카드를 장기간 사용하더라도 연체 없이 제때 납부하면 신용등급이 올라간다. 하지만 그렇다고 해서 카드사에서 제공하는 현금서비스나 리볼빙(일부 결제금액 이월약정) 서비스를 이용하는 경우 신용등급을 떨어뜨리는 요인이 되니 조심해야 한다. 이외에 통신료와 공공요금, 국민연금 등을 성실히 납부하고 개인 신용정보를 조회하는 업체에 자료를 제출하면 신용등급이 올라갈 수 있다. 사회 초년생은 신용점수부터 쌓아 나가야 한다.

내가 가진 돈보다 더 많은 돈이 필요한 상황은 많다. 그중에서도 집값이 엄청 비싸다 보니 한 푼 두 푼 모아서 내 집 마련을 한다는 것은 쉽지 않은 일이다. 이때 대출은 큰 힘이 된다. 그래서 신용등급을 논하는 이유가 내 집 마련 대출이라고 해도 과언이 아니다. 이러한 상황에서 더 낮은 금리로 대출을 받기 위해서라도 신용등급은 잘 관리되어야 한다.

그 예를 들 수 있는 것이 2019년 4월에 있었던 '청량리역 한양수자인 192 주상복합' 민간분양이라 할 수 있다. 부동산에는 많은 대출규제가 있지만 그중에서도 '주택 가격이 9억 원 이상인 경우 중도금대출을 불가'하게 만든 것의 영향력을 볼 수 있는 분양이었다.

이 분양에서는 공급 금액이 9억 원 이하인 경우 평균 경쟁률이 약 17.94:1로 높았지만, 9억 원 초과인 경우 2.77:1의 경쟁률을 보였다. 약 6.5배 차이다. 비슷한 평형의 부동산임에도 불구하고 9억 원이 넘고 안 넘고에 따라 6.5배의 경쟁률 차이를 보인 것이다.

6.5배의 차이가 말해 주듯 부동산에서의 대출은 필수불가결한 요소이다. 대출이 필요하다면 우리는 대출 금리를 낮게 받을 방법을 공부해야 한다. 앞서 청약통장으로 0.2%의 금리 우대를 받아 2억 4,000만 원을 대출받을 때 매년 48만 원을 절약할 수 있다는 결과를 보았다.

부동산 대출은 부동산을 담보로 하기 때문에 신용도와는 관계가 없을 것이라고 생각할 수 있지만, 금리는 개인의 신용도에서부터 부동산의 상태까지를 종합적으로 판단해서 결정한다.

주택담보대출에서 신용등급이 얼마나 중요한지 전국은행연합회 자료를 통해서 확인해 보면, 신용등급이 1등급인 대출 신청자는 최저 3.04%의 금리로 대출이 가능하지만, 9~10등급인 대출 신청자는 최고 3.89%의 금리로 대출이 가능하다. 최저 신용등급과 최고 신용등급에서의 금리 차이가 평균 0.247%에 달하는 것이다. 0.2%의 차이가 2억 4,000만 원에서 연 48만 원의 차이를 만들어 냈는데, 0.247%는 그보다 높은 약 59만 원의 차이를 만든다.

부동산 투자를 본격적으로 시작하려면 공부해야 할 것도, 고려해야 할 것도 많을 것이다. 그래서 바로 시작하지 못하는 경우가 많은데, 지금 행동으로 실행하지 못하고 있다면 우선 주택청약통장을 만들어 매월 2만 원 이상 입금하면서 신용등급 관리를 시작하라.

TIP

신용점수를 올리는 방법

– 연체는 절대 안 된다. 이미 연체했다면 오래된 연체부터 먼저 갚아라.
– 주거래 금융사를 선택하고 꾸준히 이용하라.
– 보증도 대출로 보아 감점 요인이므로 하지 말아야 한다.
– 신용카드를 연체 없이 소액으로 오랫동안 사용하라
– 통신료 및 공공요금 납부 실적을 개인 신용정보를 조회하는 업체에 제출하라.
– 신용등급의 단순 조회는 등급에 절대 영향을 주지 않는다. 오히려 자주 확인해서 등급을 관리하는 것이 좋다.

■ 신용등급 무료 조회 어플(사이트)

– 뱅크샐러드(https://banksalad.com), 토스(https://toss.im), 카카오뱅크(www.kakaobank.com) 등

내 집 마련 디딤돌 대출

- **신청 대상** 부부합산 연소득 6,000만 원(단, 생애 최초, 신혼, 2자녀 이상의 경우 7,000만 원까지) 이하의 무주택 세대주
- **신청 시기** 소유권 이전 등기일로부터 3개월 이내
- **대출 금리** 연 2.00~3.15%(우대금리 추가 적용 가능)
- **우대 금리**
- 본인 또는 배우자 명의의 청약(종합)저축 가입 중인 경우 0.1~0.2%p (청약예금, 청약부금은 우대금리 적용 배제)
- 본인 또는 배우자 명의의 청약(종합)저축 가입 중인 경우 0.1~0.2%p
- 가입 기간이 1년 이상(3년 이상)이고 12회 차(36회 차) 이상 납입한 경우 0.1%p(0.2%p)
- 대출신청일로부터 6개월 이내에 일괄 납입한 경우 우대금리 회차 인정대상에서 제외하고 선납은 포함
- 민영주택 청약지역별 최소 예치금액 납입 후 1년(3년) 이상 0.1%p(0.2%p)
- **대상 주택** 부동산등기부등본상 주택, 주택가격 5억 원 이하, 주거전용면적 85㎡(수도권을 제외한 도시지역이 아닌 읍·면 지역은 100㎡까지) 이하
  ※ 만 30세 이상의 미혼 단독세대주인 경우 : 주택가격 3억 원 이하, 주거전용면적 60㎡(수도권을 제외한 도시지역이 아닌 읍·면 지역은 70㎡까지) 이하
- **대출 한도** 최대 LTV 70%(최대 2억 원, 단, 신혼가구 2억 2,000만 원, 2자녀 이상 2억 4,000만 원, 만 30세 이상의 미혼 단독세대주인 경우 최대금액 1억 5,000만 원)

청년 우대형 청약통장

● 지원 내용
- 금리 우대 : 기존 주택청약종합저축 대비 연 600만 원 한도로 최대 10년간 우대금리 1.5%p 적용
- 이자소득 비과세 : 가입 기간 2년 이상 시 최대 10년에 대한 이자소득에 대해 500만 원까지 비과세 적용
- 소득공제 : 현 주택청약종합저축과 동일(무주택 세대주에 대해 연 240만 원 한도로 40%까지 소득공제 제공)

● 선정 기준
- 연령 : 만 19~29세 이하(단, 병역기간 최대 6년 인정)
- 소득 : 소득이 있는 자로 연 소득 3,000만 원 이하인 자(근로소득, 사업소득, 기타소득 모두 인정)
- 주택 : 무주택인 세대주, 무주택이며 3년 내 세대주 예정자, 무주택 세대의 세대원(단, 세대주는 3개월 이상 연속하여 유지하여야 함)

2억 5,000만 원을
모을 수 있는 방법

전 세계에서 우리나라처럼 내 집 마련에 사활을 거는 곳도 드물다. 어쩌면 그만큼 주거가 주는 안정감이 생활의 질을 높여 주기 때문인지도 모른다. 만약 여러분이 지금 서울 강남에 아파트를 사려고 한다면, 당장 가능한가?

치솟는 집값, 나날이 오르는 물가. 그런데 오르지 않는 것이 단 하나 있다면 바로 내 월급이다. 한 가지 묻고자 한다. 내 집 마련을 하려는 여러분은 명확한 목표치가 있는가?

오늘 운동을 하려고 계획한 두 사람이 있다고 가정해 보자. 한 사람은 '오늘은 헬스장에 가서 오랜만에 운동해야지'라는 목표를 정했고, 또 다른 사람은 '오늘은 10kg짜리 벤치프레스를 12번씩 4세트를 해서 가슴근육 운동을 해야지. 그러고 난 뒤 윗몸일으키기 100개를 하고 유산소 운동으로 러닝머신을 4km 속도로 20분 하자'라는 목표를 정했다면, 그 두 사람의 운동 효과는 어떨까? 확연히 다를 것이다.

목적이 분명하고 목표가 선명하면 결과에 이르는 시간이 단축된다. 그러므로 '열심히 돈을 모으다 보면 언젠가는 우리 집을 살 수 있겠지'라고 막연히 생각하지 말고, '3년 후 5,000만 원을 추가로 모아서 강북구에 있는 삼성래미안트리베라 2차 80㎡ B형 아파트를 6억에 매매할 거야!'라고 구체적으로 계획을 짜야 한다. 그래야 내가 돈을 어떻게 준비할지와 목표 기간 동안 얼마를 더 모아야 하는지를 알 수 있다.

만약 아래의 아파트를 매매한다고 가정할 때 필요한 금액을 계산해 보자.

- 매매가 : 6억 원
- 대출 : 보금자리론 3억 원 / 신용대출 5,000만 원
  - 보금자리론 신청 대상 : 무주택자 또는 1주택자
  - 소득 기준 : 연 소득 7,000만 원 이하(신혼 맞벌이 8,500만 원 이하)
  - 대출 금리 : 3.1~3.45%(2019년 9월 기준)
- 실제 필요한 현금 : 2억 5,000만 원

내 집을 마련한다는 것은 단순히 주거 공간이 생긴다는 것에서 그치지 않는다. 전세나 월세 기간(보통 2년) 종료 뒤 거주지를 옮겨야 한

다는 부담이나 월세나 인테리어 등에 대한 부담이 사라짐과 동시에 집 값 상승으로 자산 증식을 기대해 볼 수도 있다는 가능성이 깔려 있다.

그런데 제시된 2억 5,000만 원을 모은다는 것은 그리 쉬운 일이 아니다. 하지만 대충 '되는 대로 모아 보자'라고 생각하는 것에서 그치지 않고 2억 5,000만 원을 모으기 위한 목표를 제대로 세운다면 그것은 훨씬 가시적인 일이 될 것이다. 따라서 한꺼번에 2억 5,000만 원을 모아 내 집 마련이라는 목표에 도달하기보다 세부 목표를 세워 중간 단계들을 거치다 보면 그 목표에 훨씬 더 쉽게 다가갈 수 있으리라 생각한다.

주택도시기금에서 전세금을 빌리자

Q) 중소기업에서 일하고 있는 28세 남성이 월세에서 전세로 옮기고자 한다. 모아 둔 돈은 현재 2,000만 원이다. 근무지인 여의도에서 가까운 당산 주변에 '거주용 오피스텔'을 알아보니 전세 1억 원 하는 오피스텔을 찾을 수 있었다. 그는 과연 부족한 자금 8,000만 원을 대출받을 수 있을까?

A) 주택도시기금에서 제공하는 '중소기업 취업청년 전월세보증금대출'이 있다. 이 대출은 1.2%의 고정금리로 아주 저리일 뿐 아

니라, 주택도시보증공사가 담보할 경우 임차보증금의 100%, 한국 주택금융공사가 담보할 경우에는 80%를 보증해 준다. 따라서 만약 1억 원을 전체 대출한다고 하더라도 월 10만 원의 이자만 내면 1억 원짜리 오피스텔을 전세로 들어갈 수 있다(보증료 및 보증 관련 비용 추가).

바로 내 집을 마련할 수 없다면, 단계적으로 월세, 전세를 계획해야 한다. 보증금 마련이 충분하지 않더라도 저리의 전세자금 대출도 있으므로 알아보아야 한다.

회사 주변의 월셋집만을 고집할 것이 아니라, 정보를 찾아보고 다음 목표를 구체적으로 정하면 보다 나은 조건의 집을 더 저렴한 비용으로 빌릴 수 있으니 꼭 알아보기를 바란다.

또한 월세도 대안이 있다.

요즈음 한창 '공유경제'가 유행인데, 주택도 예외가 아니어서 쉐어하우스가 많이 증가했다. 이 쉐어하우스는 일반적인 사업자가 운영하는 경우도 있지만, SH 서울주택도시공사와 같은 공공기관에서 운영하는 경우도 있다.

예를 들어 SH 서울주택도시공사(www.i-sh.co.kr)에 들어가 '알림 서비스 → 공고 및 공지 → 주택임대' 항목을 클릭하게 되면 '리모델링형 사회주택' '토지임대부 사회주택' 관련 공고들을 볼 수 있다. 지역에 따라 임대료는 다르지만 주변 시세의 70% 수준에서 임대료가 책정되고 있다. 따라서 이런 공공용 쉐어하우스에서 지내면서 돈을 모을 수도 있다.

내 집 마련을 하는 방법

■ **정확한 목표 금액을 세워라.**
- 집을 구매하고 싶다면 위치와 이름, 필요한 금액, 조달 방법까지 꼼꼼히 준비해야 한다.

■ **목표를 나누어라.**
- 처음부터 건물주와 같은 큰 목표에 도달할 수는 없다. 목표를 단계별로 나누어야 한다.
  예) 월 25만 원짜리 쉐어하우스 월세 → 1억 5,000만 원 빌라 전세 → 4억 원 아파트 청약 신청

● **1단계 보증금이 마련되지 않은 상태 : 월세**
  최소한의 월세액으로 주거의 질을 높이는 방법을 찾아보자. 고시원, 다세대주택 등이 일반적인 방법이지만 국가 및 지자체에서도 월세 세입자를 위한 주택들을 다양하게 제공하고 있다. 그 예로 앞에서 언급한 SH 서울주택도시공사 '리모델링형 사회주택' '토지임대부 사회주택'이 있다. 또한 민달팽이주택협동조합과 같은 청년들이 만든 주택협동조합도 있으므로 한번 알아보길 바란다.

● 2단계 20% 정도의 전세 보증금을 모은 상태 : 전세

전세 1억 5,000만 원의 투룸 빌라에서 살고 싶은데, 보증금이 3,000만 원만 있다고 하더라도 실망할 필요가 없다. 나머지 금액 1억 2,000만 원이 전세자금 대출*로 충당 가능하기 때문이다. 1억 2,000만 원에 대한 이자율을 3%로 가정했을 때 월 부담금액은 30만 원이다. 즉 '보증금 3,000만 원에 월세 30만 원'짜리 집을 구하는 것과 같다고 할 수 있다. 물론 같은 지역에서 '보증금 3,000만 원 + 월세 30만 원'과 '전세 1억 5,000만 원'에 대한 매물을 알아보았을 때 후자의 매물은 적겠지만 집 상태라든지 주거 환경 등은 훨씬 더 좋을 것이다. 게다가 월세에 비해 전세가 주는 주거 안정감 면에서는 비교할 수 없다.

* 주택도시기금 개인상품 대출 한도

① 버팀목전세자금 : 전세 계약서상 임차보증금의 70% 이내 / 2자녀 이상 가구인 경우 대출한도 수도권 2억 원, 수도권 외 1억 6,000만 원, 보증금의 80%까지 지원

② 신혼부부전용 전세자금 : 전(월)세 계약서상 임차보증금의 80% 이내 / 수도권(서울, 경기, 인천) 최대 2억 원, 그 외 지역 최대 1억 6,000만 원

③ 청년 전용 버팀목전세자금 : 3,500만 원 한도(전세 계약서상 임차보증금의 80% 이내)

* 은행 전세자금 대출 한도

– 최대 5억 원(임대차계약서상 임차보증금의 80% 이내)

– 서울보증보험 보증한도 범위 내

– 대출금액은 연소득, 부채금액 등을 반영한 금융비용부담율을 반영하여 결정된다.

● 3단계 청약의 최소 기준 금액을 모은 상태 : 내 집 마련

청약을 신청할 때 아파트 가격이 9억 원이 넘으면 대출이 불가능하다. 이 말인즉, 현금으로 9억 원 이상을 가지고 있는 사람만이 아파트 청약을 신청할 수

있다는 뜻이 된다. 제시한 1, 2단계를 거친 사람에게 9억 원의 현금을 가질 때까지 내 집 마련을 하지 말라고 한다면, 내 집 마련은 거의 불가능에 가깝다고 할 수 있다. 그러므로 대출을 받을 수 있는 9억 원 이하의 아파트 중 현실적으로 접근 가능한 6억 원 정도의 아파트를 알아보자. 참고로 경기도 하남시 감일지구의 전용면적 89㎡ 아파트가 약 5억 5,000만 원 수준이었다.

지역에 따라 대출의 한도는 달라지지만 투자의 매력이 있다는 것을 역설적으로 말해 주는 '투기과열지구'지역은 약 40%를 대출받을 수 있다. 그 말은 60%의 현금, 즉 3억 6,000만 원이 있어야 한다는 이야기이다. 6,000만 원을 모으는 데 2~3년이 걸린다고 하면 신용대출과 기타 대출을 통해 3억 원의 현금을 마련한다면 나 또한 '로또 청약'에 합류할 수 있을 것이다.

현금을 마련하는 기간에도 마냥 손을 놓고 있으면 안 된다. 우리나라의 아파트 청약 기준은 40년간 130여 차례나 바뀔 정도로 수시로 바뀐다. 이 때문에 특별공급에 당첨되었다 하더라도 추후에 기준 미충족으로 탈락하는 확률이 20%를 넘어간다. 따라서 3억 원을 모으는 기간 동안에도 자신에게 적용 가능한 유리한 청약 조건 등에 대해 계속해서 알아보아야 한다.

신축 아파트를
30% 싸게 살 수 있다고?

2019년 1월 기준 서울에서 거래된 중간 가격대의 아파트가 8억 4,000만 원이다. 세후 700만 원 월급을 100%(세후 8,400만 원의 연봉은 세전 약 1억 1,000만 원을 받아야 가능하다) 10년 동안 모아야 만들 수 있는 금액이다. 물론 대출을 활용한다면 그 기간이 조금 줄어들겠지만 서울에서 아파트를 사는 것은 너무나도 어려운 일이 되어 버렸다. 그래서 아파트를 포기할라치면 주변에서 하는 '빌라는 못 판다' '시세 차익은 아파트다' 등의 이야기에 금방 귀를 쫑긋 세우게 된다.

어느 날, 길을 지나가는데 '서울 OO역 3분 거리, 주변 시세 대비 70%, 32평 5억, 청약통장 필요 없음' 현수막이 눈에 들어왔다. 서울에서 신축 아파트를 5억 원에 분양 받을 수 있다고?! 눈이 번쩍 뜨였다.

하지만 이것은 일반적으로 신축 아파트를 분양받는 게 아니라 '지역주택조합 아파트' 또는 '조합원 아파트'에 해당된다. 적지 않은 금

액이지만 그나마 가능하다는 생각에 전화를 걸면 그때부터 담당자의
영업이 시작된다.

그들은 철저히 가격의 장점을 어필한다. 지역주택조합 아파트는
공동 구매의 형식을 취한다. 집이 필요한 사람들이 모여서 조합을 만
들고 조합원들이 본인이 원하는 아파트를 직접 짓는 방식이다. 그렇
기 때문에 건설사가 아파트를 건설하는 비용 이외에 본인들의 이익
금을 가져가는 비용이 절감된다. 여기에서 10% 이상의 비용을 절감,
건설할 수 있다는 것이다.

일반분양 아파트와 지역주택조합 아파트의 비용 비교

일반분양 아파트	지역주택조합 아파트
시행사 이윤	비용 절감 (조합원이 사업주체가 되어 시행사 수익이 없어 각종 원가 절감)
토지금융비	
기타 비용	
부대 비용	부대 비용
건축비	건축비
토지비	토지비

두 번째로 청약통장이 필요 없다. 새 아파트를 사는 방법은 일반적
으로 일반 분양을 통해서다. 일반 분양은 청약통장이 있는 사람들 중
소득, 재산, 자녀, 부모 부양 여부 등 여러 가지 요건을 점수화하여 아
파트를 분양하는 방법이다.

하지만 아파트 청약은 너무 어렵고 까다롭다. 이것은 잦은 제도 변경에 기인한다. 1978년 법 제정 이후 138차례나 제도가 바뀌었다. 평균 연간 3.5회 변경되었는데 2017년과 2018년에는 11회나 변경되었다. 이렇게 잦은 변경도 문제이지만 모아 둔 돈은 없는 대신 급여는 높은 20, 30대는 청약 자격이 안 돼서 지원조차 할 수 없다. 그러니 청약통장을 통해 아파트 분양을 받기 어려운 사람들에게 지역주택조합 아파트는 좋은 기회로 보일 수 있다. 하지만 지역주택조합 아파트는 이러한 두 가지 장점과는 별개로 치명적인 단점이 있다.

"성공률 고작 20% 지역주택조합사업…" – ㅁㅁ신문

언론 기사가 말해 주듯이 지역주택조합은 설립만 쉬울 뿐 최종 건축물이 완성되기까지 많은 절차를 거쳐야 한다.

이미 지역주택조합 아파트의 사기를 목격한 사람들이 많아서 우선 조합원을 모으는 것에서부터 어려움을 겪는다. 그리고 아파트를 짓고자 하는 위치의 땅을 확보하는 일도 쉽지 않다. 그래서 의욕을 갖고 시작했다가도 '조합 설립' 단계부터 난관에 부닥치는 경우가 많다. 만에 하나 겨우 사업이 진행되더라도 예상보다 공사 기간이 길어져 이로 인해 금융비용 부담이 늘어나게 됨으로써 더불어 건설비도 증가하게 된다. 이는 곧 '추가 분담금'을 내야 하는 상황으로 이어지는 것을 뜻한다.

20~30% 싸게 집을 사려다가 아파트 건설 공사가 언제 시작될지 모르는 불안감, 추가 비용 부담, 최악의 경우에는 이미 낸 돈을 하나도 돌려받지 못하는 상황이 발생할 수도 있는 것이다.

지역주택조합아파트 사업 과정

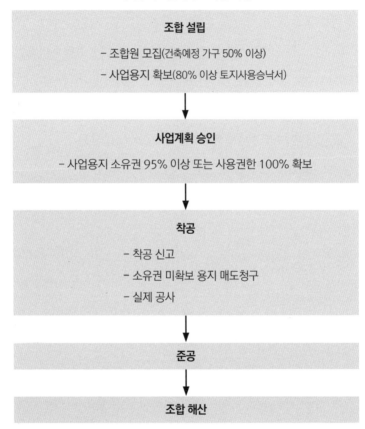

조합 설립

- 조합원 모집(건축예정 가구 50% 이상)
- 사업용지 확보(80% 이상 토지사용승낙서)

↓

사업계획 승인

- 사업용지 소유권 95% 이상 또는 사용권한 100% 확보

↓

착공

- 착공 신고
- 소유권 미확보 용지 매도청구
- 실제 공사

↓

준공

↓

조합 해산

싼 데는 이유가 있다. 싸다고는 하지만 평생을 모은 돈이 다 투자되어야 하는 것이 부동산이다. 위험은 감내할 수 있는 수준에서 감수하고 가야 한다.

그럼에도 조합원 아파트를 분양받고자 한다면 추진위원회에 토지매매계약서 열람을 신청해야 한다. 지역주택조합 아파트에서 가장 중요한 것은 첫째도 둘째도 사업용지 확보이다. 여기에 애매한 단어가 있는데, '사용 승낙'과 '소유권'이다. 사용 승낙은 원래 땅의 소유자로부터 허락을 받은 것일 뿐 매매가 이루어진 것이 아니다.

사업계획승인 이후의 분양가는 기존 조합원 대비 20%가량 오를 수 있다. 그전에 조합원이 되고자 한다면 사업용지 소유권을 90% 이상 확보한 것을 토지매매계약서 열람을 통해서 확인한 후에 가입 여부를 결정하길 추천한다.

TIP

지역주택조합 아파트 투자 시 유의 사항

– 지역주택조합 아파트의 성공률은 낮다. 그러므로 철저한 사전 조사 없이 들어가는 것은 도박이다.
– 토지 '사용 승낙'과 '소유'는 다르다. 토지(사업용지)를 90% 이상 소유한 지역주택조합일 때 투자를 고려할 만하다.

부동산을 사지 않고
투자하는 방법

부동산 상승론과 폭락론은 해마다 언론에서 반복된다. 하지만 이런 공방은 부동산을 매매할 수 없는 사람들에게는 남의 나라 이야기이다. 부동산 가격이 오르면 어떠하고 내리면 어떠할 것인가? 나는 접근할 수 없는 데 말이다.

하지만 부자들의 전유물과 같던 부동산 투자를 소액으로 하는 방법이 나타났다. 부동산 투자가 더 이상 부자들만의 전유물이 아니라는 뜻이다. 부동산을 통해 수익 실현이 가능하다고 믿는다면 부동산 소액 투자 방법에 대해서 공부하는 것이 중요하다. 그 방법은 크게 3가지가 있다. 바로 리츠와 부동산펀드, 그리고 P2P이다.

이 3가지는 이름도 낯설고 무엇을 의미하는지도 생소할 수 있다. 우선 단순하게 개념 정도만 이해하고 난 후에 이것들의 차이를 자세히 알아보자.

리츠(REITs=Real Estate Investment Trusts)는 회사를 의미한다. 어떤 회사냐 하면 부동산을 개발하거나, 소유하고 있는 부동산을 통해 임대수입을 창출하거나, 부동산을 매매하면서 차익을 얻는 회사다. 우리말로는 부동산투자신탁이다. 그러므로 '리츠에 투자한다'는 것은 내가 직접 부동산을 개발하고 임대하고 매매할 수 없으니 그것을 하는 회사의 주식을 산다는 것을 의미한다. 주식을 통해서 간단하게 매매를 할 수 있는 것이다.

부동산펀드 또한 수익을 실현하는 방식은 비슷하다. 어떠한 리츠에 투자해야 할지 모르겠고 국내 부동산 경기가 흔들려서 해외 부동산에 투자하고 싶은 생각이 든다면 접근해 보아도 좋을 것이다.

P2P는 앞서 설명한 대로 개인과 개인 사이의 거래를 의미한다. 이 거래가 의미가 있어진 것은 제1금융권과 제3금융권의 대출 금리의 차이 때문이다. 신용대출을 통해 은행에서 돈을 빌린다고 할 때 제1금융권이 3~7% 정도라면 제3금융권에서는 20~30%의 고금리에 돈을 빌릴 수밖에 없다. 물론 돈이 없는 사람들은 그보다 낮은 금리에 돈을 빌리고 싶어 한다. 이럴 때 돈이 있는 사람들은 예금금리가 낮아서 돈을 둘 곳이 없는데 돈이 필요한 개인이 제1금융권보다 훨씬 높은 이자인 15%에 돈을 빌리고 싶어 하면 빌려주고 싶을 것이다. 그래서 P2P가 생겨난 것이다. 이때 문제점은 빌려준 돈을 돌려받지 못할 가능성이 있다는 것이다. 그래서 부동산을 담보로 한 P2P가 등장했다. 그러므로 부동산을 사지 않더라도 P2P를 통해서 부동산에 투자

할 수 있고 높은 이자를 받을 수 있는 것이다.

리츠와 부동산펀드는 시황에 따라 수익률이 변할 수 있지만 P2P는 계약을 할 때 대략 7~15%의 금리를 확약한다. 단, 유의할 점은 세 상품 모두 원금을 보장해 주는 상품이 아니라는 것이다. 그러므로 꼭 사전 학습이 필요하다.

리츠, 부동산펀드, P2P 비교

	리츠(=부동산투자전문회사)	(공모)부동산펀드	P2P
최소투자 금액	1,000~6,500원 (국내 리츠의 경우)	1만 원(펀드 상품과 판매사에 따라 다름)	5,000원~10만 원
최소투자 기간	없음	가능	2~14개월(다양)
환매가능 여부	가능	가능	불가(만기 시 지급)
수익률	변동	변동	7~15%
수익실현 방법	부동산 임대수익, 개발투자, 매각차익 등을 통해 투자 수익을 만들어 내는 부동산 투자 전문회사에 투자하는 방법	리츠, 부동산 관련 파생상품, 주식에 투자. 부동산 관련 채권에 투자하기도 함.	후순위담보대출 부동산PF, 부동산 NPL, 분양대금ABL, 공사대금ABL 등
투자방법	주식 거래를 통해 리츠 회사의 주식을 매매	은행 또는 주식회사를 통해 부동산펀드상품에 가입	P2P회사의 웹페이지 를 통해 거래
대표상품	신한알파리츠 이리츠코크렙 에이리츠 모두투어리츠 케이탑리츠	하나UBS아시안리츠 부동산투자신탁 [재간접형] 종류S	테라펀딩 어니스트펀드

리츠, 부동산투자, P2P는 각각의 투자 방법, 투자 기간, 수익률 모두 다르기 때문에 개인의 상황에 맞게 투자할 것을 추천한다.

TIP

리츠, 주식, 펀드 거래 시 유의 사항

- 리츠 투자를 생각한다면 우선 증권 계좌 개설부터 시작하는 것이 좋다. '비대면 계좌 개설'과 '수수료 무료'를 제공하는 증권사가 많으므로 꼭 검색하고 가입할 것을 추천한다.
- 금융투자협회에서 제공하는 펀드다모아 서비스를 통해 주식 거래 수수료를 비교할 수 있다(http://fundamoa.kofia.or.kr/ -〉 금융투자회사공시 -〉 주식거래 수수료).
- 펀드 검색은 주거래 은행 또는 증권사를 통해서 검색이 가능하다. 펀드닥터(http://www.funddoctor.co.kr)나 펀드다모아(http://fundamoa.kofia.or.kr)를 통해서 비교해 보고 결정할 수 있다.

8장

세금을 줄여 주겠다는
거짓말

그들이 준비해 준다는
비과세 통장의 정체

오늘도 고객님에게 '비과세 통장'이라는 선물을 준비해 드리고 왔습니다.

이런 글이 재무설계사들의 SNS에서 유행처럼 번진 적이 있다. 그들은 너도나도 당장 '비과세 통장'을 준비하지 않으면 큰일 날 것처럼 이야기했다. 비과세와 투자 수익을 누릴 수 있고, 결혼 비용과 노후 자금까지 설계해 줄 수 있는데, 왜 만들지 않는지 타박하는 재무설계사들도 있었다. 그런데 요즈음은 잠잠하다. 왜 그럴까?

우선 비과세(非課稅)에 대해서 이해해야 한다. 은행에서 적금 또는 예금 상품에 제시된 이율은 온전히 고객의 것이 아니다. 그 이자에서도 소득세를 제하는데, 이걸 이자소득세라 한다.

이자소득세는 14%인데, 거기에 추가적으로 1.4%를 농어촌특별세로 또 떼어 간다. 그래서 일반적으로 비과세란 이자소득세와 농어촌 특별세 15.4%에 대해서 세금을 내지 않고 모든 이자를 내가 가져가는 것을 의미한다. 과연 그런 것이 있을까?

정답은 '있긴 하지만 점점 줄어들고 있다'이다. 정부의 재정 상태가 풍족하다고 하는 뉴스를 본 적이 있는가? 정부는 재정이 부족하기 때문에 세금 받을 수 있는 곳을 늘리려고 한다. 그렇다고 해서 원래 내던 소득세와 법인세를 더 높이는 것은 여러 가지로 부담이 된다. 그에 따라 원래 안 내게 해 주던 비과세 항목을 줄이는 쪽으로 방향을 정한 것이다. 그래서 이런 비과세 상품이 없어진다고 하면 해당 상품의 가입이 급격히 증가한다.

그러면 재무설계사가 말하는 '비과세 통장'의 정체는 무엇일까? 바로 연금보험과 종신보험이다.

연금보험은 피보험자의 종신 또는 일정한 기간 동안 해마다 일정 금액을 지급할 것을 약속하는 생명보험 상품이고, 종신보험은 피보험자가 사망하면 보험금을 100% 지급하는 상품이다.

연금보험과 종신보험의 비교

	연금보험	종신보험
비과세 요건	5년 이상 납입, 10년 유지	연금보험과 동일
보장 내용	일반사망(소액), 재해상해 또는 없음	일반사망
납입 기간	선택 가능	연금보험과 동일
운영 방식	공시이율, 변액(펀드)	연금보험과 동일
원금 도달	7년 이내	추가 납입이 없는 경우 12년 이상

비과세 통장이 되는 조건

비과세 통장이 된다는 연금보험은 장기저축에 해당하며, 종신보험은 장기저축 성격이 있는 보장성보험이다. 그리고 기본적으로 보험 상품이라서 타 금융권 상품에 비해 사업비가 높아 원금 적립률이 낮다.

만약 사업비가 10%이면 내가 연금으로 100만 원을 불입하더라도 사업비로 먼저 10만 원을 제외한 90만 원이 적립금이 되는 것이다. 그리고 그 적립금에 이자가 붙거나 투자가 되는 것이다. 사업비로 없어진 만큼의 원금이 최소 10년 후에 비과세라는 매력으로 다가오는 것이기 때문에 단순히 '비과세'만 어필하는 것은 말이 되지 않는다.

그리고 재무설계사들이 연금보험이나 종신보험을 '통장'이라고 말하는 이유는 중도 인출과 추가 납입 기능이 있기 때문이다. 그런데 그들이 또 정확하게 말해 주지 않고 흘려버리는 것이 있는데, 수수료이다. 중도 인출의 경우 수수료가 경미해서 많아 봐야 2,000원 정도이지만, 추가 납입 수수료는 최고 3%로 높다.

내가 100만 원을 목표로 추가 납입을 해도 97만 원 밖에 들어가지 않는 것이다. 이 97민 원이 다시 100만 원이 되려면 최소 1년 이상의 시간이 필요하다.

진짜 비과세 통장 3가지

그렇다면 보험이 아닌 진짜 비과세 통장에는 어떤 것들이 있을까?

① 비과세종합저축(생계형 저축)

- 만 65세 이상 노인, 장애인, 기초생활수급자
- 독립유공자와 그 유족 또는 가족, 국가유공상이자, 고엽제후유증
  환자, 5.18민주화운동부상자

위 대상에 해당하는 사람이 전 금융기관을 통합해 원금 5,000만 원까지 가입할 수 있는 상품이다. 은행의 모든 예금 상품에 가입할 수 있으며, 증권사의 주식, 채권, RP, 파생결합증권, 수익증권 등에도 가입할 수 있기 때문에 상품의 폭 또한 넓다. 여기에 15.4%의 이자소득세가 발생하지 않기 때문에 가입 대상에 해당하는 사람의 경우에는 가입을 고려해 볼 만한 좋은 상품이다.

② 상호금융기관의 출자금 및 예탁금(1.4% 세금)

상호금융기관은 조합원으로부터 자금을 받아 운용되는 금융협동조합을 말한다. 새마을금고, 우체국, 신협, 단위 농협, 수협, 산림조합의 조합원이 되고 상호금융기관의 예·적금 상품에 가입하면 이자소득세 14%가 면제된다. 단, 농어촌특별세 세목으로 1.4%는 부담해야

된다. 게다가 시중 은행에 비해 높은 금리를 주기 때문에 직장인의 안정적인 목돈 마련 수단으로 각광받고 있다. 예탁금은 3,000만 원까지 이자소득세 면제 혜택을 준다.

조합원이 되려면 출자금을 내야 하는데, 출자금은 금융 기관에 따라 차이가 있지만 보통 5,000원에서 1만 원 정도 내면 된다. 출자금에 대해서는 이자가 아닌 배당소득을 주는데 삼성전자 새마을금고의 경우 30%의 배당을 실시한 적도 있다.

모든 기관이 이렇지 않지만 보통은 안정적인 운영을 하고 있어서 시중 금리 이상의 배당을 예상할 수 있을 뿐 아니라, 해당 배당에 대해서는 1.4%의 농어촌특별세를 내지 않아도 된다. 출자금은 최대 1,000만 원까지 비과세 혜택을 준다.

그런데 상호금융기관의 비과세 혜택은 점점 줄어들고 있다. 원래 2015년 말에 일몰 예정이었지만 2020년까지 연장되었다.

③ 코스닥벤처펀드

비과세 혜택이 계속해서 축소되는 중 오랜만에 비과세 혜택을 주는 상품이 히니 출시되었다. 2018년 4월 5일부터 판매가 시작된 코스닥벤처펀드가 바로 그것이다.

보도 자료에 따르면, 그동안 일반투자자들의 접근이 어려웠던 혁신기업에 필요한 모험자본을 투자하고, 투자의 성장 과실을 공유할 수 있는 기회를 제공하기 위해서 이러한 상품이 탄생되었다고 한다.

최대 3,000만 원의 투자금을 3년 이상 보유할 시 10% 소득공제를 제공한다. 여기에 투자 수익까지 발생할 수 있으므로 두 마리의 토끼를 모두 잡을 수 있는 좋은 상품이다.

코스닥벤처펀드

소득공제	대상 투자금액	2020년 12월 31일까지 펀드 매수 완료된 투자금
	신청기간	투자일이 속하는 과세연도부터 투자 후 2년이 되는 날이 속하는 과세연도까지 중 선택
	의무 보유기간	3년(각 펀드의 수익증권 매수건별 기준)
중도 환매 (폐쇄형은 중도 환매 불가)		가능. 단, 소득공제 적용받은 수익증권을 투자 후 3년 내 환매 시 기존의 공제세액 추징

다만, 하이 리스크 하이 인컴(High Risk High Income)은 여기에도 적용된다. 2019년 10월 현재 수익을 내고 있는 상품의 수익률은 0~4%대이며, 가장 큰 손실이 발생한 상품은 6개월 기준 -17.31%를 기록하고 있다.

TIP

절세 상품 알아보기

금융감독원에서 운영하는 '금융상품통합비교공시(finlife.fss.or.kr)'를 활용해 보자. '절세 금융상품 현황' 항목을 보면 총 10가지의 상품에 대해 자세하게 설명해 주고 있다.

글로 배운 연말정산 vs.
실제 연말정산

　초등학생의 토익점수가 900점이 넘는다고 하더라도 독해 지문에 나오는 경제, 사회와 관련된 내용을 제대로 이해할 수는 없을 것이다. 또 영어 단어를 외웠다고 하더라도 그 단어가 의미하는 바를 정확히 알지 못하는 경우가 많을 것이다. 초등학생들은 본질을 아는 것이 아니라 문제를 푸는 방법에 익숙할 뿐이기 때문이다. 그런 면에서 초보 재무설계사도 마찬가지라 할 수 있다.

　직장인은 연말이 되면 연말정산을 하게 되는데, '13월 보너스'라고 불릴 만큼 지장인들에게 부수입이 생길 좋은 기회다.

　그런데 1년에 단 한 차례만 하다 보니 연말정산에 대해 제대로 알고 있는 직장인들이 드물다. 그래서 재무설계사에게 도움을 요청하기도 하는데, 연말정산과 관련해 교재에 나온 내용을 암기한 후 고객을 만나러 오는 재무설계사의 수준은 토익점수 900점을 받은 초등학

생과 다를 바 없다.

이런 초보 재무설계사에게 연말정산에 관해 상담을 받는 것은 위험하다. 고객이 연말정산에 대해 제대로 알고 있지 못하면 그 재무설계사의 이야기가 맞는지 틀린지를 판단할 수 없기 때문이다.

게다가 그들은 급여생활자가 아닌 자영업자이다. 그래서 그들은 연말정산이 아닌 종합소득세 신고를 원칙으로 한다(연말정산을 하는 경우도 있긴 하다). 소득을 계산하는 방식이 다르기 때문에 급여생활자의 세금에 익숙하지 않다.

그래서 일단 연말정산에 대한 이해를 제대로 해 보자.

연말정산에 대한 이해

여러분이 직장인이라면 급여 명세서에 나와 있는 내용을 한번 확인해 보길 바란다. 직장인들의 급여에 대해 소득세를 부과하는데, 그렇다면 무엇을 소득으로 볼 것인가가 중요해진다. 지급 내역에 나오는 기본급, 직책수당, 연장수당 등을 급여라고 보고, 식대와 교통비, 복리후생비는 수당으로 보아서 소득으로 보지 않는다.

소득으로 인정되는 금액에 대해서는 1년에 1번 소득세를 낸다. 하지만 그 금액을 한꺼번에 낼 경우 부담이 되기 때문에 회사에서는 매달 대략적인 소득세를 예상하여 미리 낸다. 하지만 이 금액은 정확하

2019년 10월 급여명세서

성명 :　　　　　부서 :　　　　　직책 :　　　　　지급일 :

지급항목	지급액	공제항목	공제액
기 본 급		소 득 세	
직 책 수 당		주 민 세	
연 장 수 당		고 용 보 험	
휴 일 수 당		국 민 연 금	
상 여 금		건 강 보 험	
기　　타		연 말 정 산	
식　　대			
교 통 비			
복 지 후 생			
기　　타		공제합계	
		차감수령액	
급여계			

귀하의 노고에 감사드립니다.　　　　　　　　　　　(주) ○○회사

지 않기 때문에 매년 1월이 되면 직장인들은 '연말정산'의 늪에 빠지게 된다. 그중 우리가 제출해야 할 자료가 '소득공제' '세액공제'가 되는 내용들이다.

소득공제와 세액공제

위 급여명세서의 주인인 A의 1년간 소득이 모두 합쳐서 5,000만

원이라고 가정하자.

소득공제는 이 소득의 5,000만 원을 깎아 주는 것을 의미한다. 인적공제는 본인을 포함하여 공제받을 수 있는 사람의 수에 따라 각각 150만 원을 공제하는 항목이다. 부모님께서 아직 일을 하고 계시고, 미혼인 직장인이라면 본인만 공제된다. 여기에 연금보험료, 건강보험료, 주택자금, 기부금, 개인연금저축 등의 항목을 계산한다.

이 모든 공제 항목들을 제외하고 나면 A의 소득은 5,000만 원이지만, 소득세를 내야 하는 소득은 3,500만 원으로 줄어들 수도 있는 것이다. 이 3,500만 원을 과세표준이라고 한다. 그렇다면 A의 소득세는 5,000만 원의 소득일 때 678만 원이었지만, 과세표준 3,500만 원일 때는 417만 원으로 261만 원이나 줄게 된다.

그리고 세액공제는 소득공제가 계산된 후에 적용된다. 소득공제가 이루어지고 난 후 A의 소득세는 417만 원이다. 세액공제는 이 417만 원을 더 낮추어 주는 것을 말한다. 자녀의 출생 및 입양으로 인한 항목, 퇴직연금 및 개인연금저축, 보장성보험료, 의료비, 교육비, 기부금, 월세액 등이 그것이다.

2,875만 원 쓰고 45만 원 돌려받을 것인가

그중에서도 카드 소득공제는 신용카드, 체크카드, 현금, 전통시장,

교통비 등 기입해야 할 것이 많다 보니 대충하는 경향이 많다. 카드 소득공제를 제대로 계산하기 위해서는 본인의 연봉과 신용카드, 체크카드 각각의 사용액을 알아야 한다. 예를 들기 위해 고용노동부에서 작성한 '2017년 고용형태별근로실태조사 보고서'를 통해 1,519만 명의 평균 연봉을 계산해 보니 3,475만 원이었다.

연봉으로 3,500만 원을 받는 근로자가 카드 세액공제로 받을 수 있는 금액은 최대 45만 원으로, 그걸 받기 위해서는 신용카드 사용액만 2,875만 원을 써야 했다. 체크카드만 썼다면 1,875만 원을 쓰면 된다.

여러분이 카드 소득공제를 최대한 받기 위해서 사용해야 하는 금액을 간단하게 식으로 만들면 아래와 같다.

- 신용카드만 쓸 경우 = 연봉의 25% + 2,000만 원
- 체크카드, 직불카드, 현금만 쓸 경우 = 연봉의 25% + 1,000만 원

위와 같은 공식이 만들어진 이유를 순서대로 설명하면, '연봉의 25%' 이상의 소비부터 소득공제가 시작되는 것이다. 2,000만 원인 이유는 소득공제는 최대 300만 원까지인데, 신용카드 소비액 중 15%만 소득공제 대상금액으로 보기 때문이다. 단, 체크카드 및 현금은 30%를 인정해 주어서 1,000만 원만 사용하면 된다.

결국 소비는 소비일 뿐이다. 3,500만 원 소득 중 53~82%를 소비

해서 45만 원을 받는 것이 나에게 도움이 되는지는 깊이 고민해 보아야 한다.

다만, 이왕 지출해야 한다면 전략적으로 사용해야 한다. 신용카드는 체크카드에 비해 통신료 할인, 포인트 적립 등 다양한 혜택이 있다. 잘 사용한다면 체크카드에 비해 많은 비용을 절감할 수 있다.

소득의 25%까지는 신용카드를 사용해도 무방하다. 즉 3,500만 원의 소득이 있는 근로자라면 875만 원을 신용카드로 써서 혜택을 받고, 875만 원이 넘는 금액에 대해서는 체크카드를 써서 소득공제율을 높이는 것이다. 즉 소득공제율과 신용카드의 혜택 2가지를 최대한 활용하기 위해서는 총 급여의 25%는 신용카드로 쓰고, 그 이상의 금액은 체크카드 또는 현금으로 사용하면 된다.

그런데 체크카드 소득공제는 빛 좋은 개살구일 뿐이다. 따라서 절약을 통해서 저축을 높이는 것이 보다 더 좋다고 할 수 있다. 그리고 이러한 전략은 연말정산이 이슈가 되는 연말에 세울 것이 아니라, 연초부터 세우고 실행해야 한다.

특히 맞벌이를 하고 있는 경우에는 이 전략을 더 세밀하게 짤 필요가 있다.

계산의 편의를 위해서 두 사람 모두 급여액이 각각 3,500만 원이라고 하자. 두 사람이 모두 체크카드만 쓴다고 가정할 때, 지출액이 1,875만 원이 되지 않는다면 한 사람에게 몰아주는 것이 좋을 것이다. 하지만 일반적으로 1,875만 원은 대부분 넘기 때문에 이럴 경우에는 한 사람이 1,875만 원을 넘어가는 순간부터 다음 사람의 체크카드를 사용하거나, 두 사람의 소비를 추적했을 때 한 사람이 무조건 1,875만 원을 넘는 소비를 하고 있다면, 나누어 쓰는 것 없이 각자 자신의 소비를 하면 될 것이다.

이런 연말정산은 공제되는 항목들에 따라 각각 다시 세부 내용이 있기에 처음에는 잘 이해하기 어려울 것이다. 이렇게 이해하기 어려운 이 내용을 회사에서는 보통 작성 방법이 적힌 이메일만 달랑 보내고 만다. 머리가 아플 수밖에 없다.

그때 재무설계사들이 나에게 간단한 방식을 알려 준다며 나타난다. 세액공제, 소득공제가 가능한 방법을 나열한 후에 두 가지 방법을 제시하는 것이다. 나라에 내는 세금이 아까우니 세액공제와 소득공제가 가능한 상품에 가입을 권유하거나, 세액공제 받는 금액은 결국 나중에 세금으로 낼 수밖에 없으니 비과세가 되는 상품을 권유하거나이다. 결국 '기승전-상품 판매'인 것에는 차이가 없다.

'내 돈'이 걸려 있으므로 회사에서 주는 연말정산 관련 이메일 내용을 반복해서 읽기를 권유한다. 특히 국세청 홈택스(www.hometax.go.kr)에 들어가 '모의계산 → 연말정산 자동계산' 항목에 해당 내용을 입력하면서 내용을 파악하다 보면 좀 더 쉽게 이해할 수 있을 것이다.

다시 한번 재무설계를 정의하자면, 재무설계는 본인이 설정한 재무목표 달성을 위해 본인의 재무 현황과 지출·소득 예측을 통해 전략을 짜는 것이다.

그러므로 제대로 된 재무설계사였다면 연례행사처럼 연말정산 방법을 안내해 주고 상품 가입을 권유하는 게 아니라, 연초부터 현금·체크카드·신용카드 사용금액 분배와 명의자, 상품에 납입해야 하는 금액까지 가이드해 주는 사람이어야 한다. 그렇지 않고 재무설계사라는 사람이 갑자기 연락 와서 블로그나 경제신문에 매년 정리되어 나오는 연말정산 방법 내용을 생색내듯 알려 주고 상품 가입을 권한다면 한번쯤 의심해 봐야 한다.

TIP

소득공제 총정리

- 소득공제는 본인의 소득 중 소득세를 내야 하는 금액을 빼 주는 것을 의미한다. 예를 들어, 원래 3,500만 원에 대한 소득세를 내어야 하는데 '카드소득공제 300만 원'이 적용된다면 3,200만 원에 대한 소득세만 내면 되는 것이다.
- 총급여액에서 공제항목(인적공제, 근로소득공제, 특별소득공제 등)을 뺀 것을 과세표준이라고 한다. 과세표준 금액에 따라 기본세율이 다르다. 가령 근로자들의 평균 연봉 3,500만 원의 과세표준이 3,000만 원이라고 했을 때 그들에게 적용되는 기본세율은 1,200만 원까지는 6%, 1,200만~3,000만 원까지는 15%이다. 그리고 그 이상은 다음의 표와 같다.

과세표준에 따른 세율

과세표준	기본세율	기본세율(손산표)
1,200만 원 이하	과세표준의 100분의 6	과세표준×6%
1,200만 원 초과 ~4,600만 원 이하	72만 원+(1,200만 원 초과금액의 100분의 15)	(과세표준×15%)—108만 원
4,600만 원 초과 ~8,800만 원 이하	582만 원+(4,600만 원 초과금액의 100분의 24)	(과세표준×24%)—522만 원
8,800만 원 초과~ 1억 5,000만 원 이하	1,590만 원+(8,800만 원 초과금액의 100분의 35)	(과세표준×35%)—1,490만 원
1억 5,000만 원 초과 ~ 5억 원 이하	3,760만 원+(1억 5,000만 원 초과금액의 100분의 38)	(과세표준×38%)—1,940만 원
5억 원 초과	1억7,060만 원+(5억 원 초과금액의 100분의 40)	(과세표준×42%)—2,940만 원

- 연말정산은 연초부터 계획하는 것이다. 1~2월에 하는 것은 서류 작성일 뿐이다.
- 연말정산 시 유의할 점 및 작년과 달라진 연말정산 제도에 대한 자료를 지속적으로 요청하라. 2019년에 달라진 제도 중 유의할 부분은 크게 5가지다.
 · 도서·공연비 소득공제 신설
 · 월세 세액공제률 차등 향상
 · 주택 임차보증금 보험료 세액공제
 · 의료비 세액공제 대상 확대
 · 중소기업 취업 청년 소득세 감면
- 연말정산 기간이 되면 신문 특집기사와 전문가들이 쓴 내용이 SNS상에 많이 퍼진다. 덕분에 우리는 그것을 선별해서 읽는 능력을 갖추어야만 진짜를 읽을 수 있다. 헷갈릴 때는 국세청 홈페이지를 통해 확인하기 바란다.
 [국세청 -> 성실신고지원 -> 원천징수(연말정산)안내 -> 편리한 연말정산 이용 방법]

신용카드 등 사용금액 소득공제

근로소득이 있는 거주자(일용근로자 제외)가 법인 또는 사업자(외국법인·비거주자의 국내사업장 포함)로부터 재화나 용역을 제공받고 신용카드 등으로 지불한 금액의 연간 합계액(국외 사용액 제외) 중 일정 비율을 공제한다.

적용 대상	원천징수 대상 소득
신용카드 등 사용금액	**다음에 해당하는 금액의 연간합계액** · 여신전문금융업법에 따른 신용카드를 사용하여 그 대가로 지급하는 금액 · 현금영수증에 기재된 금액(현금거래사실을 확인받은 것을 포함) · 직불카드, 기명식선불카드, 직불전자지급수단, 기명식 선불전자 지급수단, 기명식전자화폐를 사용하여 그 대가로 지급하는 금액 · 전통시장 사용액 · 대중교통 이용액 · 도서·공연 사용액
공제금액 (2018년 연말정산 기 준)	공제금액 = ①+②+③+④+⑤-⑥ ① 전통시장 사용분(신용카드·현금영수증·직불카드·선불카드) ×40% ② 대중교통 이용분(신용카드·현금영수증·직불카드·선불카드) ×40% ③ 총급여 7,000만 원 이하인 근로자의 도서·공연 사용분 ×30% ④ 현금영수증, 직불카드 등 사용분 (= 현금영수증, 직불카드 등 사용액-①-②-③) ×30% ⑤ 신용카드 사용분 (= 신용카드 등 사용금액 합계액 - ① - ② - ③ - ④) ×15% **다음의 어느 하나에 해당하는 금액** ⅰ) 최저사용금액(총급여액의 25%) ≤ ⑤ : 최저사용금액 ×15% ⅱ) 최저사용금액 〉⑤ (총급여 7,000만 원 이하) ·⑤〈최저사용금액≤③+④+⑤ : ⑤×15%+(최저사용금액-⑤)× 30% ⑥ 최저사용금액 〉③+④+⑤ : ⑤×15%+(③+④)×30%+(최저사용금액-③-④-⑤)×40% ⅲ) 최저사용금액 〉⑤ (총급여 7,000만 원 초과) ·⑤〈최저사용금액≤④+⑤ : ⑤×15%+(최저사용금액-⑤)×30% 최저사용금액 〉④+⑤ : ⑤ ×15%+④×30%+(최저사용금액-④-⑤)×40%

공제한도	연간 300만 원(총급여액 7,000만 원 초과 1억 2,000만 원 이하자 연간 250만 원, 1억 2,000만 원 초과자 : 연간 200만 원)과 총급여액의 20% 중 적은 금액. 다만, 한도초과금액이 있는 경우 한도초과금액과 ① + ②의 금액(총급여 7,000만 원 이하자는 ① + ② + ③의 합계액) 중 적은 금액을 각각 연간 100만 원 한도로 추가공제(최대 600만 원)
소득공제 금액에 포함되는 사용 금액	다음에 해당하는 자의 신용카드 등 사용금액을 포함할 수 있음 · 근로자 본인 · 배우자 : 연간소득금액의 합계액이 100만 원 이하 · 생계를 같이하는 직계존비속(배우자의 직계존속, 동거입양자 포함)

우리 집도
상속을 준비해야 할까

한 대기업에서 1,500억 원의 상속세를 완납했다는 기사가 나서 화제가 된 적이 있었다. 10억 원을 만드는 것에도 인생의 목표를 거는 사람들이 많은데, 1,500억이 세금이라니 먼 나라 이야기처럼 들릴 수도 있다.

하지만 우리가 주목해야 할 부분은 '상속세'이다. '상속 받을 재산이 없는데 무슨 상속세인가?' 싶지만 부모님의 재산이 조금이라도 있는 사람들이라면 상속세에 대해 미리 준비하는 편이 좋다.

어느 날 재무설계사로부터 연락을 받았는데, 요지는 상속을 미리 준비하면 상속세도 내지 않고 재산 증식도 할 수 있다는 것이었다. 관심이 가지 않을 수 없어 그의 이야기를 좀 더 자세히 들어보았다.

그랬더니 그는 '상속을 준비하지 않아 생긴 참담한(?) 사건'을 소개하는 것으로 이야기를 풀어 나갔다.

"집에 있는 손톱깎이 상표가 뭔지 한번 보세요. 아마 '쓰리세븐(777)'이라고 되어 있을 거예요. 이게 손톱깎이라고 우습게 볼 게 아닌 게 세계 점유율이 40%가 넘고 매출의 90% 이상이 해외에서 이루어지고 있어요. 그런데 우리가 잘 모르고 있던 이 대단한 기업도 상속세를 준비하지 못해 회사를 매각했답니다."

이유는 미처 준비하지 못한 창업주 김형규 회장의 사망 때문이었다. 유족이 부담해야 할 상속세가 150억 원에 달했기 때문에 지분을 매각해야 가까스로 상속세를 마련할 수 있는 상황이었다. 그 지분을 매각하면 경영권을 포기해야 하는 상황이었지만 상속세를 마련할 길이 없어서 어쩔 수 없이 지분을 매각할 수밖에 없었던 것이다. 이 외에도 세계적인 콘돔 회사인 바이오제네틱스(옛 유니더스)와 국내 1위 종자기업 농우바이오 등 많은 기업들이 그러한 경험을 겪었다고 했다.

상속세의 규모가 너무 커서 보통 사람들인 우리와 이 이야기가 무슨 관계가 있느냐고 반문하고 싶겠지만, 이때 재무설계사가 강조하는 점은 '준비되지 않은 죽음'에 있다.

기업과 유사한 우리의 재산 중에는 부동산이 있다. 만약 아주 좋은 지역에 부모님의 아파트가 있고, 그 아파트가 현재 재개발 협상 단계에 있어서 추후 가격 상승 여력이 충분하다고 가정해 보자. 그 상황에서 우리가 '상속'을 미리 준비한다면 그 아파트를 그대로 상속받을 수 있을 것이지만, 그렇지 못할 경우 그 좋은 아파트를 가격도 제대로 못 받고 급매로 처리하는 일이 생길 수도 있는 것이다.

재무설계사는 당장 상속을 준비할 필요성을 말해 주었으니 다음 단계는 얼마나 상속세가 나올 것인지 알아야 한다고 하였다. 그래야 어떻게 준비해야 할 것인지가 결정될 거라며 말이다.

"가령 부모님께 15억 원가량 하는 아파트가 있다고 해 보세요. 상속세를 계산하기 위해서는 '상속재산가액'을 계산해야 하고 여기에 '상속공제' 금액을 제외해야 해요.

이걸 간략하게 설명하면 재산으로 볼 수 있는 모든 금액을 합쳐서 상속재산을 계산한 후, 연말정산 할 때 소득에서 제외해 주는 인적공제와 같은 항목 금액을 계산해서 제외해 주는 걸 말해요.

여기에는 수많은 요소들이 있어서 가장 간단히 계산할 수 있는 일괄공제 5억으로 가정해 보면, 상속제산가액은 15억−5억이므로 10억 원이에요. 그리고 이걸 상속세율표에 따라 계산해 보면 10억 원 ×30%−6,000만 원이라서 2억 4,000만 원을 상속세로 준비해야 해요."(자세한 것은 부록 2 참조)

상속세율표

과세표준	세율	누진공제
1억 원 이하	10%	0원
5억 원 이하	20%	1,000만 원
10억 원 이하	30%	6,000만 원
30억 원 이하	40%	1억 6,000만 원
30억 원 초과	50%	4억 6,000만 원

* 상속세 계산 방법 : 과세표준×세율−누진공제

15억 원짜리 아파트를 상속받는 데 2억 4,000만 원이 없을까 하지만, 그 돈을 현금으로 동원하기란 현실적으로 녹녹치 않다.

부모님 연세를 70세, 상속받을 자녀의 나이를 40세라고 가정한다면, 게다가 서울에서 아파트를 소유하고 있다면 비싼 아파트 가격 탓에 분명 대출을 받았을 것이고, 그 대출을 다 갚았을 가능성은 거의 없다. 가계금융복지조사의 자료에 따르면 '주택 실수요 금융부채'는 높고 낮음은 있으나 0에 수렴하지는 않기 때문이다.

목적별 부채의 세대별 기여율

	주택 실수요 금융부채	주택 투자용 금융부채	임대보증금 부채
30대	18.6%	8.7%	-24.3%
40대	33.5%	7.7%	24.2%
50대	26.9%	48.7%	-0.5%
60대 이상	20.9%	35.6%	103.1%

출처 : 가계금융복지조사

70세의 부모님이라면 보통 자산도 소득도 축소되는 시기이다. 이러한 시기에 아무리 대출을 이용한다고 하더라도 또는 '연부연납(상속세 신고 시 납부해야 할 세액이나 납세고지서 상의 납부세액이 2,000만 원을 초과하는 경우 일시가 아닌 장기간에 걸쳐 나누어 납부하는 제도)'을 통해 5년간 나누어 낸다고 하더라도 매년 약 5,000만 원의 돈을 계획 없이 마련하는 것은 어려운 일이다.

재무설계사의 이런 이야기를 들으면, '아, 하루라도 빨리 상속세를 준비해야겠구나' 하는 생각이 번쩍 들 것이다. 재무설계사는 이때를 놓치지 않고 월 100만 원이 안 되는 금액으로 2억 4,000만 원을 언제든 준비할 수 있는 방법이 있다고 말하면서 설명을 이어 간다.

"부모님을 피보험자로 하고 계약자와 수익자를 본인으로 하는 종신보험이나 생명보험을 가입하면 2억 4,000만 원에 대해서는 세금이 부과되지 않아요."

재무설계사의 말처럼 부모님의 자산이 있어서 상속을 준비해야 할 때 종신보험은 좋은 수단 중 하나이다. 납입 기간 중 언제라도 '갑작스러운 죽음'이 찾아왔을 때 상속세액을 준비할 수 있는 데다가 일정 조건을 만족하면 해당 보험금에 대해서는 상속세를 내지 않아도 되기 때문이다.

하지만 진짜 문제는 우리 대부분은 상속세를 걱정할 필요가 없다는 것이다. 통계청에서 작성한 '2018년 가계금융 복지조사 결과'에 따르면 60세 이상의 가구주의 자산 규모는 약 4억 1,000만 원이다.

가구주 연령대별 가구당 자산 보유액

(단위: 만 원, %)

구 분		전체	30세 미만	30대	40대	50대	60세 이상
평균	2017년	38,671	9,882	28,824	39,884	45,697	38,971
	2018년	41,573	9,906	31,059	44,322	48,021	41,202
	증감률	7.5	0.2	7.8	11.1	5.1	5.7

앞에서 '상속공제'를 언급하며 '일괄공제'를 이야기했다. 기초공제 2억 원+인적공제와 5억원 중 큰 금액을 공제해 준다는 이야기인데, 우리나라 60세 이상은 대부분 5억 원 이하의 자산을 가지고 있는 것이다.

그런데 왜 재무설계사들은 상속세를 이유로 우리에게 영업을 하는 것일까? 진짜 우리 부모님에게 물려받을 유산이 많다면 다행이지만, 만약 그렇지 않다면 상속세는 우리를 유혹하는 작은 '영업 기술'에 불과하기 때문이다. 자신의 이익을 위해 영업을 하는 재무설계사라면 준비되지 않은 상속의 무서움과 일괄공제와 같은 사회적 장치 중 어느 것을 강조할까?

재무설계사가 '상속세'를 가장해 대화를 하려 할 때 내가 우위를 점하고 싶다면 최소한 부모님의 재산과 '상속공제'에 대해서 제대로 알아보고 난 뒤 대화를 이어 가도 늦지 않다.

재무설계사도 모른다

여러분이 재무설계사를 찾았던 이유를 생각해 보자.

취업을 준비할 때만 해도 월급만 꼬박꼬박 들어오면 좋겠다고 생각했지만, 급여를 받는 순간 현실의 벽을 만났을 것이다. 이 급여를 받아서는 내 집 마련과 가족 부양, 경제적 독립은 불가능하다는 생각 말이다. 한 가지도 포기할 수 없는 것들인데……. 그때 여러분은 돈을 조금이라도 빨리 불리기 위해서 재무설계사를 만났을 것이다.

하지만 문제는 재무설계사 그들도 모른다는 것이다. 본인들이 재무설계를 모른다는 것도 모른다. 모른다는 사실을 깨달은 사람은 그래도 배워 가며 성장할 가능성이 있지만, 자신이 모른다는 사실조차 모르는 그들은 너무나도 위험하다. 그들이 아는 것은 외운 스크립트와 허세, 여러분을 위하는 척하는 세일즈 스킬뿐이다. 그 밖에 오랜 인연을 강조하며 다가오는 친구와 지인 재무설계사의 감정호소도 있다. 그 피해는 고객인 우리에게 고스란히 돌아온다.

절대 이런 재무설계사의 수에 넘어가서는 안 된다. 어설픈 재무설계의 결과는 여러분의 재무설계를 2~3년 늦추는 것에서 끝나지 않는다. 문드러진 가슴은 회복하기 어렵고 그들을 만나기 전 여러분이 들었던 유일하게 안전하다고 생각하는 예·적금으로 돌아가게 만들 것이다.

여러분의 돈이다. 여러분과 여러분의 가족을 위해 꼭 필요한 돈이다. 이 책을 읽고 나서 여러분의 돈을 지키는 방법을 조금이라도 배웠으면 저자로서 더 이상 바람이 없다.

가족력 가계도 작성하기

미국국립유전연구기관(National Society of Genetic Counselors: NSGC)에서는 가족력으로 인한 질병을 막는 좋은 방법으로 '가족력 가계도' 작성을 추천한다. 여기서 말하는 가족력이란 3대에 걸친 직계 가족 중에서 2명 이상에게 동일한 질병이 발생하는 것을 의미한다.

보장성보험을 준비하기 위해서 현재의 잘못된 생활과 그로 인해 의심되는 질병들을 대비하는 것도 방법이지만, 유전 또는 비슷한 생활패턴으로 인해 이미 가족에게 발생한 질병에 대해 대비하는 것이 합리적이다. 가족력 가계도 작성을 통해서 의심되는 질병에 대해서는 건강관리를 할 뿐 아니라 보장성보험을 가입할 때에도 해당 질병에 대해서는 꼼꼼히 준비하는 것이 중요하다. 특히 가족력으로 발병 확률이 높은 대표적 10개 질환인 당뇨병, 고혈압, 골다공증, 위암, 유방암, 대장암, 간암, 폐암, 갑상선암, 치매는 질병 관리가 필요하다.

가족들이 앓았던 질병 알아보기

	당뇨병	고혈압	골다공증	위암	대장암	간암	폐암	치매	갑상선암
조부모									
외조부모									
아버지									
어머니									
형제									
자매									
개수									

* 형제자매가 여러 명이라면 앓았던 병 중복 선택

가족력 가계도를 작성 후에 의심되는 질병에 대한 보험을 설계할 때는 다음 도표에 나오는 특약을 참조하여 설계하여야 한다.

보장성보험 가입 시 '질병'에 따른 고려사항

질병	특약
암	고액암 일반암 암수술 암입원
당뇨병, 고혈압, 심혈관계	뇌혈관질환진단비 뇌혈관질환수술비 허혈성심장질환진단비 허혈성심장질환수술비 특정수술비(뇌, 심장 포함)
알츠하이머성치매	질병장해 고도후유장해 치매진단급여금(경도, 중증도, 중증) 중증치매간병생활자금
골다공증	상해후유장해 골절 깁스

상속세의 세액계산 흐름도

① 피상속인이 거주자인 경우

총상속재산가액

- 상속재산가액 : 국내외 소재 모든 재산, 상속개시일 현재의 시가로 평가
  - 본래의 상속재산(사망 또는 유증·사인증여로 취득한 재산)
  - 상속재산으로 보는 보험금신탁재산·퇴직금 등
- 상속재산에 가산하는 추정상속재산

비과세 및 과세가액 불산입액

- 비과세 재산 : 국가·지방자치단체에 유증산 재산, 금양임야, 문화재 등
- 과세가액 불산입 : 공익법인 등에 출연한 재산 등

공과금·장례비용·채무

사전증여재산

- 피상속인이 상속개시일 전 10년(5년) 이내에 상속인(상속인이 아닌 자)에게 증여한 재산가액. 단, 증여세 특례세율 적용 대상인 창업자금, 가업승계주식 등은 기한 없이 합산

상속세 과세가액

상속공제

- 공제의 합계 중 공제적용 종합한도 내 금액만 공제 가능
  - (기초공제+그 밖의 인적공제)와 일괄공제(5억 원) 중 큰 금액
  - 가업·영농상속공제   - 배우자공제
  - 금융재산 상속공제   - 재해손실공제
  - 동거주택 상속공제

상속세 과세표준

세율

과세표준	1억 원 이하	5억 원 이하	10억 원 이하	30억 원 이하	30억 원 초과
세율	10%	20%	30%	40%	50%
누진공제액	없음	1,000만 원	6,000만 원	1억 6,000만 원	4억 6,000만 원

상속세 산출세액

• (상속세 과세표준 × 세율) = 누진공제액

세대생략할증세액

• 상속인이나 수유자가 피상속인의 자녀가 아닌 직계비속이면 30% 할증(단, 미성년자가 20억 원을 초과하여 상속받는 경우에는 40% 할증)
• 직계비속의 사망으로 최근친 직계비속에 해당하는 경우는 적용 제외

세액공제

• 문화재자료 징수유예, 증여세액공제, 외국납부세액공제, 단기재산상속공제, 신고세액공제

신고불성실·납부지연 가산세 등

분납연부연납·물납

자진납부할 상속세액

② 피속상속인이 비거주자인 경우

총상속재산가액

- 상속재산가액 : 국내 소재 모든 재산, 상속개시일 현재의 시가로 평가
  - 본래의 상속재산(사망 또는 유증·사인증여로 취득한 재산)
  - 상속재산으로 보는 보험금신탁재산·퇴직금 등
- 상속재산에 가산하는 추정상속재산

비과세 및 과세가액 불산입액

- 비과세 재산 : 국가·지방자치단체에 유증산 재산, 금양임야, 문화재 등
- 과세가액 불산입 : 공익법인 등에 출연한 재산 등

공과금·장례비용

- (공과금) 해당 상속재산의 공과금 공제
- (채무) 해당 상속재산을 목적으로 하는 전세금, 임차권, 저당권 담보채무는 공제
  사망 당시 국내 사업장의 확인된 사업상 공과금·채무는 공제

사전증여재산

- 피상속인이 상속개시일 전 10년(5년) 이내에 상속인(상속인이 아닌 자)에게 증어한 새산가
  액. 단, 증여세 득례세율 적용 대상인 창업자금, 가업승계주식 등은 기한 없이 합산

상속세 과세가액

상속공제

- 기초공제 2억 원
- 공제 적용 한도액 적용

감정평가수수료

상속세 과세표준

세율

과세표준	1억 원 이하	5억 원 이하	10억 원 이하	30억 원 이하	30억 원 초과
세율	10%	20%	30%	40%	50%
누진공제액	없음	1,000만 원	6,000만 원	1억 6,000만 원	4억 6,000만 원

상속세 산출세액

• (상속세 과세표준×세율) = 누진공제액

세대생략할증세액

• 상속인이나 수유자가 피상속인의 자녀가 아닌 직계비속이면 30% 할증(단, 미성년자가 20억 원을 초과하여 상속받는 경우에는 40% 할증)
• 직계비속의 사망으로 최근친 직계비속에 해당하는 경우는 적용 제외

세액공제

• 문화재자료 징수유예, 증여세액공제, 외국납부세액공제, 단기재산상속공제, 신고세액공제

신고불성실·납부지연 가산세 등

분납연부연납·물납

자진납부할 상속세액

SNS 속 그들이 이야기하는 재무설계의 허와 실

그들의 새빨간 거짓말

초판 1쇄 인쇄   2019년 12월 1일
초판 1쇄 발행   2019년 12월 5일

지은이   징찬훈

펴낸이   김연홍
펴낸곳   아라크네

출판등록   1999년 10월 12일 제2-2945호
주소   서울시 마포구 성미산로 187 아라크네빌딩 5층(연남동)
전화   02-334-3887   팩스   02-334-2068

ISBN   979-11-5774-653-8 03320